S'OUVRIR À LA COMPASSION

« *Espaces libres* »

S'OUVRIR À LA COMPASSION

Sous la direction de Lytta Basset

Albin Michel

Albin Michel
■ *Spiritualités* ■

*Collection « Espaces libres »
dirigée par Jean Mouttapa et Marc de Smedt*

*Première édition
publiée dans « La Chair et le Souffle »,
Revue internationale de théologie et de spiritualité :*
© Éditions Bellarmin, 2007

Éditions au format de poche :
© Éditions Albin Michel, 2009

Sommaire

Avant-propos 9
   Lytta Basset

Voir et écouter la personne qui souffre 13
   Luciano Manicardi

La tendresse à la source de la compassion 37
   Thierry Collaud

Une joie insolite : l'ouverture des entrailles..... 59
   Lytta Basset

Cris et silences généreux.
   La compassion chez Miguel de Unamuno ... 85
   Carmen Burkhalter

La compassion dans la tradition hébraïque ... 99
   Marc Raphaël Guedj

L'amour-compassion :
   résonances chrétienne et bouddhiste 115
   Michel-Maxime Egger

La compassion comme fondement
   de la résistance non violente....................... 151
   Hervé Ott

Présentation des auteurs................................ 177

AVANT-PROPOS

La compassion

Lytta Basset

Pourquoi un ouvrage sur la compassion ? Parce qu'elle se fait de plus en plus rare dans nos sociétés industrialisées, même dans les lieux de souffrance où l'on s'attendrait à la rencontrer : les professionnels de la santé, les assistants sociaux, le personnel carcéral, etc., sont souvent les premiers à déplorer le manque de personnel et donc de temps nécessaire à… la compassion ! Les critères dominants étant aujourd'hui « rapidité et rendement », elle est d'emblée considérée comme un luxe, une perte de temps quasi indécente, voire évacuée des processus de formation sans qu'on y prenne garde.

Pourtant, si la compassion est bien la forme incandescente de l'amour, on peut dire qu'elle se tient au cœur de toutes les grandes religions, et probablement de toute philosophie humaniste. Quelles que soient les divergences doctrinales, la multiplicité des pratiques et la diversité des anthropologies propres à chacune, on finit toujours par se retrouver lorsqu'il s'agit de la relation interpersonnelle : l'être humain dans sa vulnérabilité, son dénuement, sa souffrance semble pouvoir mobiliser en tout croyant – en tout humaniste – le meilleur de lui-même, lui révélant des trésors de sollicitude insoupçonnés.

Mais pourquoi s'intéresser à la compassion au lieu de s'en tenir au précepte bien connu de l'amour ? C'est qu'il y a dans la compassion quelque chose d'imprévisible, d'irrépressible, d'inconnu même : on est « pris de compassion »... Par qui ? Qu'est-ce qui nous prend ? Qui nous prend ? Nous n'avons pas été consultés. Nous sommes pris... au dépourvu. Un courant, venu d'Ailleurs, s'établit avec autrui, que nous n'avions pas programmé et qui peut même nous irriter. Une telle expérience touche au plus intime de la vie spirituelle la moins égocentrée : cela vaut la peine d'y réfléchir.

La prévention contre la compassion se met en place dans la foulée d'une expérience négative : « On ne m'y reprendra plus ! » Le soupçon est le même que pour l'amour dans ses expressions les plus simples : l'autre va en profiter, je dois donc me protéger contre la perversion ; ou bien l'autre se complaît dans le rôle de victime, alors j'évite de m'investir ; ou encore l'autre ne mérite pas l'amour, encore moins la compassion, je ne vais pas me laisser attendrir ! Mais là où l'on s'est fermé à l'amour – pour d'excellentes raisons, souvent –, il arrive que la compassion, elle, se fraye un chemin. Comment s'y prend-elle ? Comment parvient-elle à faire tomber les résistances à la fois psychiques et spirituelles ? Il convient au préalable de les repérer et de les nommer.

En outre, il faut mentionner un lourd héritage : la tradition chrétienne a trop souvent prôné la compassion pour les malheureux au détriment du combat pour la justice. On cantonnait le « royaume des cieux » dans l'au-delà, en pervertissant la première béatitude : « Heureux les pauvres, car le royaume des cieux est à eux » – notre amour et notre prière pour vous sont de tout repos puisque de toute façon votre récompense vous attend là-Haut. Voilà pourquoi on rejetait la compassion il y a quelques décennies : on y voyait le moyen utilisé par certains pour empêcher autrui de se battre et d'accéder à la justice. La compassion *opium du peuple*, en somme ! Ainsi le héros d'un roman de Dostoïevski s'interdit la compassion, qu'il considère comme une faiblesse susceptible de renforcer la soumission à un ordre social injuste.

Il s'agit donc de repérer à quel moment la compassion est utilisée comme prétexte pour ne rien changer : « Votre situation de dénuement est votre ascèse ! » L'approche bouddhiste de la compassion peut apporter un éclairage important : comment le bouddhisme intègre-t-il son idée d'accepter les choses comme elles sont à sa vision d'une compassion qui, elle, *change les choses* ? Et comment peut-il concilier son invitation au *détachement* avec l'importance qu'il accorde à la compassion envers tous les êtres ?

Une compassion *agissante*, telle est bien la fine fleur de notre héritage juif. La Bible hébraïque et le judaïsme dans son ensemble se méfient des belles déclarations : la compassion, comme la justice, la vérité, etc., n'a tout simplement aucun contenu sans les actes qu'elle génère ou inspire. Elle est inséparable du respect pour autrui, de la lutte pour sa dignité et ses droits. C'est à ses fruits que l'on voit son origine divine. Dans le Talmud, on la voit émerger du terreau fertile du combat pour la justice.

On retrouve dans les évangiles le même accent sur la fécondité visible de la compassion. Mais par rapport aux notions de pitié, de miséricorde, de charité – mots qui figurent également dans les textes –, la compassion apparaît comme quelque chose de tout à fait spécifique, qui se dit exclusivement avec un verbe – « être pris aux entrailles » – et qui se dit exclusivement de Jésus. Il s'agit donc de cerner une telle spécificité, de voir pourquoi on ne peut ni contraindre ni même exhorter à la compassion. Il se pourrait qu'on touche là à l'identité – au fondement de toute éthique : qui suis-je pour être pris-e ou ne pas être pris-e de compassion ? Dans la mystique chrétienne orientale, ne dit-on pas qu'« aimer son prochain comme soi-même », c'est essentiellement aimer son prochain comme étant une partie de soi-même – la partie « christique », en somme ?

Voir et écouter la personne qui souffre

Luciano Manicardi

Deux lectures m'ont amené à orienter ma réflexion concernant la compassion sur la voie constituée par la *vision* et l'*écoute* de la souffrance de l'autre.

Dans son livre *Regarding the Pain of Others*, Susan Sontag s'interrogeait sur ce que signifie *regarder la douleur des autres*, et le faire à travers les potentialités du moyen photographique. Elle posait dès lors la question de l'usage qui est fait de la douleur ou de la mort lorsqu'elles sont « arrêtées » par la photographie[1]. Aujourd'hui nous nous trouvons dans un contexte culturel qui, en ce qui concerne la souffrance et la mort, balance entre le refoulement et la mise en spectacle : le refoulement de la mort et de la souffrance d'une part, l'épopée du macabre de l'autre. La transfor-

---

1. Voir Susan Sontag, *Devant la douleur des autres*, traduit de l'anglais par Fabienne Durand-Bogaert, Paris, C. Bourgois, 2003.

mation de la douleur et de la mort en un spectacle en direct, l'étalage de la souffrance exhibée devant une curiosité morbide, la souffrance « vraie » des autres vue à travers la médiation protectrice des médias semblent faire partie d'un grand rite d'exorcisation collective de la souffrance elle-même. Surgit alors la question : savons-nous soutenir la vue du visage concret d'une personne qui souffre ? La *compassion* a-t-elle encore un sens et peut-elle encore être pratiquée, ou est-elle désormais étouffée par l'indifférence, le refoulement, l'habitude, la peur ?

Le philosophe et psychologue italien Umberto Galimberti, commentant dans un grand quotidien un fait divers tragique et retentissant, plaçait l'accent sur l'absence d'une *culture de l'écoute* qui sache se faire attentive à la solitude et aux souffrances des hommes. Une culture qui sache, en particulier, donner du temps à la personne déprimée pour l'écouter et l'accueillir :

> Éduqués comme nous le sommes à la culture de l'approbation, nous ne savons pas même où la culture de l'écoute trouve demeure. Nous distribuons des médicaments pour contenir la dépression, mais nous ne prenons pas même une demi-heure pour écouter le silence du déprimé. À l'aide des médicaments, indiscutablement utiles, nous intervenons sur l'organisme, sur le mécanisme biochimique ; mais qui

trouve le temps, la volonté, la patience, la disposition pour écouter la parole étouffée par le silence et rendue inexpressive par un visage qui semble de pierre[2] ?

Certes, nous savons combien il est difficile d'écouter, si écouter indique l'acte de s'ouvrir à la souffrance de l'autre et de l'accueillir : « La plupart des oreilles se ferment aux paroles qui essaient de dire une souffrance[3]. » Des barrières sont élevées pour éviter que la souffrance passe de celui qui la vit et l'exprime à celui qui l'écoute. Pourtant, sans cette culture de l'écoute de la personne qui souffre, nous condamnons l'autre à la solitude et à l'isolement mortel, et nous empêchons, pour nous également, toute possibilité de consolation et de communication de notre propre souffrance. Galimberti poursuit :

> Écouter n'est pas prêter l'oreille, c'est se faire conduire par la parole de l'autre là où la parole nous conduit. Et si, au lieu de la parole, nous trouvons le silence de l'autre, nous nous laissons guider par ce silence. Dans le lieu indiqué par

---

[2]. Umberto Galimberti, « Pantani nel deserto dei depressi », in *La Repubblica*, mercredi 18 février 2004.
[3]. Catherine Chalier, *Sagesse des sens. Le regard et l'écoute dans la tradition hébraïque*, Paris, Albin Michel, 1995, p. 91.

ce silence, il est donné de découvrir, à celui qui a un regard pénétrant et ose voir la douleur en face, la vérité que ressent notre cœur, ensevelie par nos paroles. Cette vérité, qui s'annonce dans le visage pétrifié du déprimé, se tait pour ne pas se confondre avec toutes les autres paroles[4].

La question qui doit ici se poser est la suivante : savons-nous vivre la compassion comme écoute de celui qui souffre ?

Suivant cette grille, ma réflexion voudrait vérifier si l'Écriture a quelque chose à nous dire aujourd'hui en vue d'une pratique de la compassion.

Le Dieu qui voit et entend la souffrance de l'homme

« Seul un je vulnérable peut aimer son prochain[5] » : je me demande si cette affirmation d'Emmanuel Levinas ne pourrait pas s'appliquer au Dieu de la révélation biblique. Le Dieu qui aime, qui est amour, est le Dieu qui souffre avec l'homme souffrant et qui se laisse blesser par la

---

4. Umberto Galimberti, *art. cit.*
5. Emmanuel Levinas, *De Dieu qui vient à l'idée*, Paris, J. Vrin, 1982, p. 145.

souffrance humaine. C'est le Dieu dont l'écoute du cri de ceux qui souffrent – se tournant vers eux – devient vision, c'est-à-dire expérience de souffrance, passion divine et responsabilité envers ceux-là mêmes qui souffrent ; c'est le Dieu qui, voyant les angoisses et l'oppression de ceux qui souffrent, se met à l'écoute de leurs souffrances, fait résonner en Lui, dans la vibration de la compassion, la voix de la douleur d'autrui.

Dans les chapitres 2 et 3 de l'Exode, on trouve deux passages singulièrement complémentaires : en Ex 2,24-25, le texte dit littéralement : « Dieu *écouta* (verbe *shamaʿ*) la plainte [des enfants d'Israël], *il se souvint* (verbe *zakar*) de son alliance avec Abraham et Jacob ; Dieu *vit* (verbe *ra'ah*) et Dieu *connut* (verbe *yadaʿ*). » En Ex 3,7, la succession des verbes « écouter » et « voir » est inversée : « Le Seigneur dit : "J'ai *vu* (verbe *ra'ah*) l'affliction de mon peuple en Égypte et j'ai *écouté* (verbe *shamaʿ*) son cri à cause de ses surveillants ; je *connais* (verbe *yadaʿ*) en effet ses souffrances." » La connaissance, à laquelle aboutissent la vision qui écoute la souffrance et l'écoute qui voit celui qui souffre, indique tant la participation, le partage de la souffrance, que la prise en charge, l'assomption de responsabilité à l'égard de celui qui souffre. Les *sens* se mobilisent pour réaliser l'unique acte *sensé* face au *non-sens* de la souffrance de qui souffre : se tenir à son côté, lui être proche, l'aider pour autant que c'est possible.

Justice et compassion de Dieu

Ce qui frappe c'est que, pour la Bible, le Dieu qui voit et écoute la souffrance de l'homme, le Dieu compatissant, est aussi le Dieu juste, qui juge avec justice. Compassion et justice apparaissent singulièrement liées en Dieu, tout comme la justice est également en lien avec la colère divine (*ira Dei*)[6].

La conception biblique de la justice ne correspond pas à une attitude d'objectivité aseptisée, mais elle est un engagement passionné du juge en faveur de celui dont le droit est bafoué. Il s'agit d'une conception relationnelle : la justice de Dieu est essentiellement fidélité à l'alliance, c'est-à-dire à la relation d'élection qu'il entretient avec son peuple. Ceci signifie que, bibliquement, la justice connaît un rapport articulé avec la souffrance et que cette implication passionnée est constitutive de la justice.

Nous pouvons entrevoir un triple rapport :

1) La justice comme souffrance face à l'injustice

« Dans la Bible, écrit Abraham J. Heschel, le juge n'est pas seulement une personne qui a la

---

6. Cf. Enzo Bianchi, « Giustizia e perdono alla luce della Bibbia », *in* Atti del Convegno nazionale, *L'esercizio della giustizia e la Bibbia*, Settimello (FI), Biblia, 1996, p. 211-231.

faculté cognitive d'examiner un cas et de prononcer une sentence ; c'est aussi une personne qui souffre et peine face à l'injustice[7]. » La Bible, qui confesse que Dieu est « le juste juge », affirme que Dieu manifeste cette justice à travers la colère :

> Dieu est le juste juge (*shofet tsaddiq*)
> Chaque jour s'enflamme sa fureur (Ps 7,12).

La colère de Dieu n'est pas un défaut de justice, mais l'expression du *pathos* de Dieu, blessé par le mal qui a été perpétré. Les prophètes, participants du *pathos* divin, sont ceux qui partagent et manifestent cette indignation, qui est aussi souffrance, face au mal qui a été commis. La justice commence avec cette colère profonde, engagée face à l'injustice, qui a certainement pour fin la conversion des injustes, mais qui ne justifie jamais le mal commis. Toute la prophétie constitue une grande exclamation : Dieu n'est pas indifférent au mal ! Le grand mal est de s'habituer au mal : cela conduit à ne plus le voir, à ne plus le dénoncer, à s'en faire complice. La justice est ainsi souffrance face à l'injustice.

Écoutons encore Heschel : « Le sens humain de l'injustice est une pauvre analogie du sens divin de l'injustice. L'exploitation des pauvres est

---

7. Abraham Joshua Heschel, *Il messaggio dei profeti*, Rome, Borla, 1981, p. 87.

pour nous une transgression ; pour Dieu c'est un malheur. Notre réaction est la désapprobation ; celle de Dieu est quelque chose qu'aucun langage ne peut transmettre. Est-ce peut-être un signe de cruauté si la colère de Dieu éclate quand les droits des pauvres sont violés, quand les veuves et les orphelins sont opprimés[8] ? » Loin de s'opposer à l'amour, la colère de Dieu lui est intérieure – « La colère de Dieu ne dure qu'un instant, sa bonté toute la vie » (Ps 30,6) ; elle est l'expression de l'amour blessé, violé.

2) La justice comme souffrance face à l'échec de l'homme

La justice de Dieu s'exprime aussi comme souffrance face à l'injuste. Le pécheur attriste Dieu, il le blesse :

> Que de fois [les enfants d'Israël] furent rebelles à Dieu
> dans le désert,
> ils l'offensèrent dans les solitudes !
> Toujours à nouveau, ils tentaient Dieu,
> attristant le Saint d'Israël (Ps 78,40-41).

Le prophète annonce les pleurs de Dieu face à la ruine que les péchés du peuple ont causée à Jérusalem (Jr 14,17).

---

8. *Ibid.*, p. 88.

La justice devra ensuite être rétablie moyennant un jugement, une sentence, une peine ; la souffrance de Dieu deviendra colère et fureur, mais la voie de la conversion du pécheur restera toujours ouverte ; c'est pourquoi on peut dire à Dieu : « Dans la colère, souviens-toi d'avoir pitié ! » (Ha 3,2). Et Dieu affirme : « Je ne prends pas plaisir à la mort du méchant, mais plutôt à le voir renoncer à sa conduite et vivre » (Ez 18,23).

3) La justice comme compassion face à l'opprimé
« Qui vous touche, touche à la prunelle de mon œil » (Za 2,12), dit le Seigneur à son peuple pillé et déporté. On affirme ici une audacieuse identification du Dieu biblique avec les plus pauvres, les opprimés, les victimes de la violence. Le juste dont le sang a été versé devient invocation à Dieu qui écoute et partage la souffrance.

La justice devient ici compassion et prise de responsabilité à l'égard de l'autre qui se trouve dans le besoin. Du reste, la révélation biblique raconte le Dieu qui « connaît les souffrances » (Ex 3,7) des enfants de son peuple : « il s'angoisse dans toutes leurs angoisses » (Is 63,9 ; traduction d'André Chouraqui). La compassion est à l'origine de l'agir de Dieu pour rétablir la justice. Les deux textes d'Exode 2 et 3 cités plus haut permettent d'affirmer que l'intervention de libération de Dieu à l'égard de son peuple souffrant en Égypte trouve son fondement dans la compassion[9].

La justice fruit de la mémoire de la souffrance

La condition de l'enfant d'Israël, esclave en Égypte, lequel a connu l'intervention du Dieu qui a vu et écouté sa souffrance, sera représentée dans le futur d'Israël, une fois le peuple installé dans la terre, par la figure du *gher*, l'immigré, l'étranger résidant[10]. Certaines lois du code de l'alliance (Ex 20,22-23,33), le plus ancien recueil législatif présent dans la Bible, affirment : « Tu n'exploiteras ni n'opprimeras le *gher*, car vous avez été des *gherim* au pays d'Égypte » (Ex 22,20) ; « Tu n'opprimeras pas le *gher* ; vous connaissez vous-mêmes la respira-

---

9. Concernant ce point (la compassion face à l'opprimé), il me semble intéressant de relever que les trois aspects constitutifs de la « structure cognitive » de la compassion, définis par Martha Nussbaum, peuvent être entrevus aussi dans la compassion de Dieu pour la victime. « Le *jugement de gravité* (un sérieux événement négatif a frappé quelqu'un) ; le *jugement de non-faute* (la personne ne s'est pas procuré la souffrance) ; le *jugement eudémoniste* (la victime est un élément significatif dans mon ensemble d'intentions et de projets, elle est le but dont le bien doit être encouragé » (Martha Nussbaum, *L'intelligenza delle emozioni*, Bologne, il Mulino, 2004, p. 387 ; sur la compassion, voir p. 359-540).

10. Luciano Manicardi, *Accogliere lo straniero. Per una cultura dell'ospitalità*, Bose, Qiqajon, 2002.

tion du *gher*, car vous avez été *gherim* au pays d'Égypte » (Ex 23,9 – le texte fait recours au principe de l'expérience analogue : les enfants d'Israël savent ce qu'est le « souffle court » provoqué par le travail éprouvant). La position du *gher* dans l'Israël ancien était particulièrement faible ; il pouvait facilement être objet de l'injustice. Le texte d'Ex 23,1-9 entrevoit la possibilité d'une justice injuste à son encontre : en ce qu'il appartient à une minorité ethnique, le *gher* a contre lui la pression sociale de la majorité (v. 2) ; en tant qu'« étranger », il est « ennemi », ce qui fait du manque de solidarité à son endroit une chose normale (v. 4-5) ; en tant que « pauvre », son droit peut facilement être bafoué (v. 6). Il peut ainsi devenir un « innocent » et un « juste » (v. 7) condamné de façon inique. Contre ce risque s'élève l'autorité du Seigneur.

Le *gher* devient ainsi, pour l'enfant d'Israël, le mémorial vivant du Dieu qui a vu et écouté la souffrance des enfants d'Israël lorsque ces derniers étaient *gherim* en Égypte et qu'il est intervenu pour les sauver (Ex 2,23-25 ; 3,7-8) : ce même Dieu engage désormais sa miséricorde (Ex 22,26) et sa justice (Ex 23,7) pour défendre l'étranger résidant en terre d'Israël. Mais dans le *gher*, Israël reconnaît également sa propre image : « Vous avez été *gherim* au pays d'Égypte. » C'est-à-dire : ce qui se produit ou risque de se produire pour les étrangers résidant en Israël est ce qui est arrivé aux enfants d'Israël quand ils étaient en Égypte. Voici alors que la législation israélite assume ce problème et établit une attitude de protection et d'accueil envers le *gher*. Ceux à qui sont adressées ces lois sont de très lointains descendants de ceux qui avaient vécu dans leur personne l'expérience de l'oppression en Égypte. De cette manière, *la mémoire de l'événement historique devient loi et la loi sociale se configure comme mémorial de l'histoire passée*. Cette législation naît d'une *culture de la mémoire* et contribue, à son tour, à la formation d'une *mémoire partagée* et dilatée dans l'histoire. En particulier, la *mémoire de la souffrance* peut libérer de la compulsion de répétition, de la tentation de répercuter sur les autres la violence subie. La mémoire de la souffrance peut agir comme un « tiers » entre celui qui accueille et l'étranger, libérant leur rapport du risque de violence[11].

---

11. Cf. Jean-Luc Vesco, « Les lois sociales du Livre de l'Alliance (Exode 22,22-23,19) », *Revue thomiste* n° 2, 1968, p. 241-264 ; Alfred Marx, « Israël et l'accueil de l'étranger selon l'Ancien Testament », *Le Supplément* n° 156, 1986, p. 5-14 ; Gianni Barbiero, « Lo straniero nel Codice dell'Alleanza e nel Codice di Santità : tra separazione e accoglienza », Innocenzo Cardellini (éd.), *Lo « straniero » nella Bibbia. Aspetti storici, istituzionali e teologici*. XXXIII settimana biblica nazionale, *Ricerche storico bibliche*, n° 1-2, 1996, p. 41-69 ; Ambrogio Spreafico, « Lo straniero e la difesa delle categorie più deboli come simbolo di giustizia e di civiltà nell'opera deuteronomico-deuteronomistica », *ibid.*, p. 117-134.

Luciano Manicardi

On assiste ainsi au passage du Dieu qui voit et écoute la souffrance des enfants d'Israël à l'enfant d'Israël qui formule des lois lui permettant, à son tour, de voir et d'écouter la souffrance de l'immigré qui est dans ses murs, et d'en prendre soin, parvenant (avec le Deutéronome) jusqu'à élaborer un véritable réseau de prévoyance sociale. La compassion devient un élément capable d'inspirer la législation, donc de forger une « société compatissante[12] ».

Du reste, dans la Torah, les lois ne fournissent guère de normes générales à appliquer, mais contiennent un appel à l'homme afin qu'il ouvre son cœur à celui qui est dans le besoin. Elles ne se limitent pas à régler les cas et les situations particulières, mais visent les personnes : elles ont pour but d'humaniser les personnes. Le rapport entre le créditeur et le débiteur est réglé par des lois qui

---

12. Sur les concepts de « société compatissante » et de « citoyenneté compatissante », voir le chapitre « Compassione e vita pubblica » du livre cité de Martha Nussbaum, p. 479-540. La position du théologien Johann Baptist Metz mérite d'être rappelée, qui voit dans la compassion le point nodal sur lequel articuler le rapport entre les religions et la politique dans la globalisation. Pour lui, la compassion peut inspirer une politique de paix et de reconnaissance et constituer une protestation contre l'amnésie de la liberté moderne (cf. Johann Baptist Metz, « Memoria passionis, nel pluralismo delle religioni e delle culture », *Il Regno Attualità* n° 22, 2000, p. 769-773).

veulent éveiller chez le créditeur la conscience du besoin de l'autre et de sa subsistance (Ex 22,25-26 ; Dt 24,6) ; elles cherchent à ouvrir ses yeux et ses oreilles pour qu'il voie l'autre et entende sa plainte. La présence de motivations dans les lois est particulièrement significative : la motivation est aussi importante que la requête, voire davantage. On n'obéit vraiment à la loi que si l'on entre dans la compréhension et la prise en charge profonde de sa motivation. Ainsi, « si tu prends en gage le manteau de ton prochain, tu le lui rendras pour le coucher du soleil, car c'est là sa seule couverture, le manteau qui protège sa peau. Dans quoi se coucherait-il ? » (Ex 22,25). Le renvoi à la *peau* du débiteur, au froid qu'il souffrirait la nuit sans son manteau, exige du créditeur un effort d'imagination pour se mettre dans la peau – justement – de l'autre et parvenir à l'empathie[13] qui ouvre les portes à un agir compatissant. La justice

---

13. « L'empathie est l'acte par lequel nous nous rendons compte qu'un autre, une autre, est sujet d'expérience comme nous : l'autre vit des sentiments et des émotions, accomplit des actes volitifs et cognitifs. Comprendre ce que ressent, veut et pense l'autre est un élément essentiel de la cohabitation humaine dans ses aspects sociaux, politiques et moraux. C'est la preuve que la condition humaine est une condition de pluralité : non l'Homme, mais des hommes et des femmes habitent la terre » : Laura Boella, *Sentire l'altro. Conoscere e praticare l'empatia*, Milan, Raffaello Cortina Editore, 2006, p. XII.

est vraie justice si elle est humaine, si elle sait intégrer le principe-compassion.

D'autres lois invitent l'homme à s'ouvrir au « sens du pauvre », à intégrer dans la gestion de ses affaires la présence du pauvre – ainsi les lois qui placent une limite à la moisson et aux vendanges pour laisser au pauvre de quoi s'alimenter : Lv 19,9-10. D'autres ont une valeur symbolique et visent à introduire dans le cœur humain le sentiment de piété et de compassion : ainsi la loi (reprise trois fois dans la Torah : Ex 23,19 ; 34,26 ; Dt 14,21) qui interdit de cuire un chevreau ou un agneau dans le lait de sa mère. Cette règle va évidemment au-delà du cas concret et vise l'universel pour instaurer un sens d'humanité et de compassion qui pourra s'appliquer à bien d'autres situations existentielles[14].

Deux récits d'Évangile

Deux récits de l'Évangile nous aident à approfondir le message biblique sur la compassion, en montrant la nécessité du lien étroit entre vision et écoute de la souffrance de l'autre. Ce lien redonne un visage à celui qui est défiguré par la souffrance et fait émerger la face humaine de celui qui prend

---

14. Voir Adrian Schenker, *La Loi de l'Ancien Testament, visage de l'humain*, Bruxelles, Lumen Vitæ, 1997.

soin du nécessiteux. Mais il peut aussi montrer que dans le visage humain de Jésus de Nazareth[15] se révèle la face du Dieu compatissant et miséricordieux. La compassion raconte et révèle Dieu, tandis qu'elle humanise l'homme.

1) Écouter celui qui souffre : Mc 5,1-20

Le premier récit met en scène la rencontre entre Jésus et un homme « possédé ». Le « possédé » s'approche de Jésus et, dans ce mouvement, montre sa soif de relation et d'accueil ; mais cette soif s'exprime de manière impétueuse et agressive, qui suscite davantage la peur que la sympathie. Il désire rencontrer Jésus, mais ses paroles sonnent comme une menace et incitent presque à le repousser et à s'éloigner de lui. Étranger à lui-même (« Mon nom est Légion, car nous sommes nombreux » : Mc 5,9), cet homme a aussi été rendu étranger par rapport à la communauté civile : la société l'a relégué à vivre parmi les tombes, dans un lieu de mort et non de vie ; il porte

---

15. Dans les évangiles, sauf en Mt 18,27, Lc 10,33 et 15,20, le verbe *splanchnízein* a Jésus pour sujet (Mt 9,36 ; 14,14 ; 15,32 ; 20,34 ; Mc 1,41 ; 6,34 ; 8,2 ; Lc 7,13). En Mc 9,22 l'invocation « aie pitié de nous ! », dans la bouche du père de l'enfant épileptique, est adressée à Jésus. Dans certains textes, on a la séquence : sujet Jésus // verbe voir // verbe *splanchnízein* // personne/s en situation de besoin (Mt 9,36 ; 14,14 ; Mc 6,34 ; Lc 7,13). La seule occurrence évangélique du substantif *splánchna* (Lc 1,78) se réfère à Dieu.

ainsi les stigmates que la société accole à des personnes présentant ces dérangements. L'automutilation qui le conduit à se frapper lui-même, la bizarrerie de son incessant vagabondage dans la nudité, la profonde altération de son rapport au corps, à l'espace, au temps et aux autres, font de lui le représentant de ce potentiel de rage et d'étrangeté que tous vivaient comme mortifère et qui, à cause de cela, pouvait être relégué, même de façon illusoire, loin de la vie ordinaire. La famille, la société civile, la communauté religieuse ont isolé cet être souffrant, en décrétant à son encontre une condamnation à mort silencieuse et complice.

Jésus ne se soustrait pas aux profondes tensions que la rencontre avec cette personne suscite : il accueille ses cris et ses invectives ; il ne fuit pas face à la violence verbale de cet homme qui ressent sa présence comme une menace ; il ne se laisse pas bloquer par cette expression extérieure de mal-être. *Il écoute la souffrance* qui est à l'origine du rejet de sa personne : « Ne me tourmente pas ! » (Mc 5,7). Jésus, *entendant les cris, écoute la souffrance* de cet homme, et démontre que l'écoute de la souffrance de l'autre – quelle que soit la forme même désagréable à travers laquelle elle s'exprime – est fondamentale pour reconnaître son humanité. Jésus guérit ensuite cette personne non de manière magique, mais par *l'art et le labeur de la rencontre et du dialogue* : il donne la parole et l'écoute à celui que plus personne ne voulait voir ni entendre. L'action thérapeutique de Jésus se produit dans le cadre d'un entretien (cf. Mt 8,16), d'une sorte de dialogue thérapeutique. Jésus demande son nom à la personne (Mc 5,9), cherchant à faire émerger son identité, à la restituer à elle-même. Pour lui, la maladie n'exproprie pas la personne de son identité : l'autre reste toujours une personne, avec son nom, son visage, son histoire, son unicité.

Jésus dépense du temps et de l'énergie avec cet homme et, par la parole, il *délie* celui que la société voulait *lier* (v. 3-4). En un certain sens, Jésus se présente lui-même comme remède et fait ainsi de la rencontre l'espace de transformation de la personne. *La guérison permet de retrouver la relation et la capacité relationnelle.* En vivant un rapport sensé et normal avec cette personne, Jésus parvient à lui restituer la capacité de communication avec elle-même, avec les autres et avec Dieu. Jésus ne « s'approprie » pas la personne pour laquelle il a tant fait ; non, il lui restitue *sa* vie : « Va dans *ta* maison, auprès des *tiens*, et rapporte-leur tout ce que le Seigneur a fait pour *toi* » (v. 19). En écoutant la souffrance profonde de cette personne, Jésus lui rend son visage, l'unicité et la subjectivité ; il la rend à son humanité. On saisit ici l'aspect décisif de la compassion comme *capacité de reconnaître à l'autre son unicité et de s'impliquer avec lui.*

2) Voir celui qui souffre : Lc 10,25-37

Il est important d'entendre la parabole dite du « bon Samaritain » (Lc 10,30-37) en continuité avec le bref dialogue entre le légiste et Jésus (v. 25-29). Par la parabole, Jésus invite le légiste – qui lui a posé la question symbole de la non-responsabilité : « Qui est mon prochain ? » – à passer du savoir au faire. En effet, si son interlocuteur répond à Jésus de manière orthodoxe (*orthôs* : v. 28), il n'arrive pas à faire le lien entre le savoir et le faire, entre la connaissance des Écritures et la souffrance de l'homme, entre le corps des Écritures et le corps de l'homme blessé, entre l'esprit et la main. Nous comprenons ainsi l'avertissement répété à deux reprises : « Fais cela et tu vivras » (v. 28), « Va et, toi aussi, fais de même » (v. 37).

Le prêtre et le lévite voient l'homme blessé, presque mort, mais passent de l'autre côté de la route : pourquoi ? Peut-être pour ne pas se rendre impurs par le contact avec un quasi-cadavre ; mais il y a certainement quelque chose de plus radical, dont nous faisons nous aussi l'expérience : l'homme malade, blessé ou mourant peut nous faire peur. Et nous comprenons alors que pour entrer dans la véritable compassion, qui débouche sur la solidarité de celui qui fait tout ce qui lui est possible pour l'homme moribond, il ne suffit pas de voir l'homme blessé ; il est également essentiel de discerner ses propres résistances à la compassion, de voir ses propres vulnérabilités, de reconnaître que la compassion suscite en nous aussi refus et répugnance. Il est en effet possible de « voir son frère dans le besoin » et de « lui fermer les entrailles (*tà splánchna*) » (1Jn 3,17)[16]. Je crois que pour lire honnêtement cette parabole nous ne devons pas tant nous identifier avec le Samaritain, mais comprendre que le prêtre et le lévite font également partie de nous-mêmes, et que les trois personnages sont trois moments de l'unique mouvement laborieux vers une attitude de vraie compassion.

La compassion dit : « Tu n'es pas seul car ta souffrance, en partie, est la mienne. » La compassion est le fait de « soustraire la douleur à sa solitude[17] ». Emmanuel Levinas écrit :

> La douleur isole absolument et c'est de cet isolement absolu que naît l'appel à autrui… Ce n'est pas la multiplicité humaine qui fait la socialité humaine, c'est cette relation étrange qui commence dans la douleur, dans la mienne où je fais appel à l'autre et dans la sienne qui me trouble, dans celle de l'autre qui ne m'est pas

---

16. Sur le thème des résistances à la compassion voir, dans ce même ouvrage, l'article de Lytta Basset, « Une joie insolite : l'ouverture des entrailles », p. 59.
17. Cf. Eugenio Borgna, *L'arcipelago delle emozioni*, Milan, Feltrinelli, 2002, p. 128-144.

indifférente. C'est l'amour de l'autre ou la compassion […] Souffrir n'a pas de sens […] mais la souffrance pour réduire la souffrance de l'autre est la seule justification de la souffrance, c'est ma plus grande dignité […] La compassion, c'est-à-dire étymologiquement souffrir avec l'autre, a un sens éthique. C'est la chose qui a le plus de sens dans l'ordre du monde, dans l'ordre normal de l'être[18].

La compassion est *le non radical à l'indifférence face au mal du prochain.* C'est l'attitude qu'exprime bien le Samaritain qui, passant à côté de l'homme blessé, « le vit *et fut pris de pitié (esplanchnisthe)* » (Lc 10,33). Ce bouleversement intérieur, cette attitude de souffrir la souffrance de l'autre, conduit le Samaritain à un comportement éthique sur la base duquel il fait tout ce qui est en son pouvoir pour alléger la situation de celui qui se trouve dans le besoin. La compassion ne reste ainsi pas qu'un sentiment qui s'impose au cœur de l'homme, mais devient choix, responsabilité, solidarité. Elle est réponse au silencieux appel à l'aide qui se lève du visage de l'homme souffrant, des yeux terrifiés et plus que jamais muets et sans défense de la personne écrasée par la douleur, pro-

---

18. Cf. Emmanuel Levinas, « Une éthique de la souffrance », *Souffrances. Corps et âme, épreuves partagées*, Paris, Éd. Autrement, 1994, p. 133-135.

che de la mort. Dans l'Écriture, la compassion apparaît comme un frémissement des entrailles, une résonance viscérale de la souffrance de l'autre, une *résonance* qui se fait *consonance* : la souffrance de l'autre crie, et la compassion fait de mon corps une caisse d'accueil et de résonance de sa souffrance. La vision de celui qui souffre devient écoute.

L'impuissance du malade, du mourant, possède la force paradoxale de réveiller l'humanité de l'homme qui reconnaît l'autre comme son propre frère, dans le moment même où il ne peut être instrument d'aucun intérêt. En ce sens, la souffrance pour la souffrance d'autrui est un des signes les plus élevés de la dignité humaine. Elle renvoie à une attitude qui s'étend bien au-delà de la souffrance ou de la douleur de l'autre, et concerne l'autre dans son unicité, dans son altérité même.

Conclusion

Les deux textes d'évangile suggèrent que la compassion, comme capacité de souffrir avec celui qui souffre, est en définitive la capacité de reconnaître l'autre dans son unicité et sa vulnérabilité la plus profonde, exprimée par son visage. Le visage, en effet, est le lieu de cristallisation de l'identité. Il est épiphanie de l'humanité de l'homme, de son unicité irréductible, et cette richesse du visage constitue tout à la fois aussi sa vulnérabilité. « La peau du visage est celle qui reste la plus nue, la plus dénuée [...] il y a dans le visage une pauvreté essentielle. Le visage est exposé, menacé[19]. » En tant que capacité à *reconnaître l'unicité de l'autre*, la compassion est un élément décisif des relations interpersonnelles et elle se tient assurément au cœur d'une *culture de la proximité et du souci de l'autre*.

*Traduction de l'italien
par Matthias Wirz, moine de Bose*

---

19. Emmanuel Levinas, *Éthique et infini. Dialogues avec Philippe Nemo*, Paris, Fayard, coll. « Livre de Poche », 1982, p. 80.

La tendresse à la source de la compassion

Thierry Collaud

Un épisode bien connu de la vie de saint François d'Assise est celui du baiser au lépreux, quand, croisant sur son chemin un lépreux, il se jette à son cou. Voici la manière dont un de ses biographes nous rapporte l'anecdote :

> Or, un jour qu'il se promenait à cheval dans la plaine qui s'étend auprès d'Assise, il trouva un lépreux sur son chemin. À cette rencontre inopinée, il éprouva, d'horreur, un choc intense, mais se remettant en face de sa résolution de vie parfaite et se rappelant qu'il avait d'abord à se vaincre s'il voulait devenir soldat du Christ, il sauta de cheval pour aller embrasser le malheureux. Celui-ci, qui tendait la main pour une aumône, reçut avec l'argent un baiser[1].

---

1. Saint Bonaventure, *Legenda major*, I, 5, *in* Th. Desbonnets et D. Vorreux, *Saint François d'Assise : documents, écrits et premières biographies*, Paris, Éd. Franciscaines, 2002, p. 571.

Étonnant récit ! Si nous laissons de côté les intentions du narrateur et que nous considérons ce texte au premier degré, nous avons là une relation humaine qui se dit sous la forme plus ou moins explicite de trois affects : la répulsion, la compassion et la tendresse. La répulsion d'abord, l'horreur suscitée par autrui défiguré et son apparition inopinée devant moi ; sentiment d'étrangeté qui me fait fuir cet autre dérangeant. Trop marqués par la parabole du Samaritain, nous avons tendance à penser que la compassion, ce remuement des entrailles que provoque l'autre en souffrance, surgit spontanément en présence d'autrui blessé. Mais François avec sa répulsion n'était pas un cas particulier. Bien souvent, au lieu de susciter la compassion, la souffrance nous fait peur, nous fait horreur et nous fait fuir : « [le lévite] vit l'homme et passa à bonne distance » (Lc 10,32). La compassion n'apparaît qu'en filigrane mais elle est présupposée par le narrateur qui place face à François un souffrant, un pauvre. Dans un deuxième temps, celui-ci doit faire un travail intérieur de purification, de désencombrement, un combat pour l'amener à surmonter la répulsion suscitée par le masque de la lèpre et arriver à voir l'homme en souffrance derrière celle-ci. François, dans cet épisode, porte en lui les figures du prêtre/lévite et celle du Samaritain, la répulsion et la compassion. Après s'être débarrassé de la répulsion, il peut se laisser prendre aux entrailles. Surgit alors, imprévue, la tendresse ! Le lépreux qui n'attendait qu'un peu d'attention et une aumône reçoit, en plus, un baiser. Baiser qui laisse celui qui le donne plein de joie, comme le dit la suite du texte, ou de douceur, comme il le dira lui-même dans son testament :

> Au moment où j'étais encore dans les péchés, la vue des lépreux m'était insupportable. Mais le Seigneur lui-même me conduisit parmi eux ; je les soignai de tout mon cœur ; et au retour, ce qui m'avait semblé si amer s'était changé pour moi en douceur pour l'esprit et pour le corps[2].

C'est le baiser qui fait figure d'élément incongru dans ce récit. Le Samaritain de Luc panse les plaies du blessé et charge celui-ci sur sa monture. Il ne l'embrasse pas. Le baiser de François est un acte qui va au-delà de la compassion, c'est un acte de tendresse. Dit autrement, il n'est pas directement lié à la souffrance de la lèpre ; au contraire, il semble s'adresser à l'homme qui porte la souffrance, indépendamment de celle-ci. Il y a soudain pour le jeune homme en voie de conversion la nécessité urgente d'établir un lien d'amour avec cette personne-là (urgence parce qu'il avait failli passer à côté sans l'aimer). Et c'est la possibilité

---

2. Saint François d'Assise, *Testament*, in Th. Desbonnets et D. Vorreux, *ibid.*, p. 93.

d'aimer aussi cet homme-là malgré sa lèpre rebutante qui remplit de douceur son être entier.

Je pense que c'est précisément parce qu'il y a cette tendresse, c'est-à-dire *cet amour qui part du plus intime de l'être et qui se prolonge jusqu'au baiser*, que la compassion, que le remuement des entrailles provoqué par la souffrance de l'autre est possible. Ce n'est que quand j'ai *reconnu* celui qui me fait face, c'est-à-dire quand j'ai attesté qu'il est de ma parenté, qu'il est « os de mes os et chair de ma chair » et que, par là, j'ai enlevé tous les préjugés qui pouvaient m'empêcher de l'aimer et de lui manifester ma tendresse, que je peux pleinement m'ouvrir à sa souffrance et souffrir-avec, ce qui est bien le sens de compatir. Il faut donc dire la tendresse au-delà de la compassion mais en même temps comme ce qui la précède, qui en est à la source.

Au-delà des câlins, à la recherche d'une définition

Parler de tendresse est périlleux à cause de la polysémie du terme tel qu'il est employé actuellement. Ainsi la tendresse se retrouve dans la catégorie de l'affection (amour amitié), dans celle du contact physique (toucher, avec toutes les ambiguïtés liées à la sexualité), ou dans celle de la douceur (gentillesse, délicatesse).

La tendresse amoureuse
La tendresse s'exprime, s'extériorise, se manifeste, c'est son caractère le plus remarquable. Mais à cause de cela on l'a trop souvent réduite à cette visibilité du geste. Geste tendre que l'on a tendance à voir principalement dans la relation affective amoureuse, avec le danger de relier la classe sémantique de l'affectif à celle du sexuel. Il s'agit là d'un glissement de sens qui appauvrit le terme. Il est important de laisser à celui-ci toute son abondance de significations et de ne pas le limiter au geste physique. Au contraire, il faudra dire que l'implication nécessaire du corps ne représente que l'étape finale d'une dynamique beaucoup plus riche.

Le fort et le faible
Si on fait, sur Internet, une recherche d'images liées au mot « tendresse », on obtient une collection où prédomine une ambiance de douceur, avec un grand nombre d'images d'êtres humains ou d'animaux en situation d'asymétrie : une mère ou un père et son enfant, un chien et un chat, une mouette au bec impressionnant et son petit, etc. Chaque fois le fort semble prendre d'infinies précautions pour ne pas blesser le faible. Je reviendrai plus loin sur cette proximité respectueuse qui me semble une caractéristique importante de la tendresse.

Dieu, la tendresse d'une mère

Dans l'Ancien Testament, ce sont les termes issus de la racine *rhm* qui expriment le mieux le contenu sémantique de la tendresse de Dieu mais aussi de sa compassion[3], dans de nombreux cas, ce qui confirme la notion de la compassion comme modalité de la tendresse en face d'autrui souffrant. Comme souvent dans le langage sémitique, le mot qui sert à exprimer un affect, ou le mot chargé d'une richesse conceptuelle anthropologique, est issu de la réalité la plus concrète du vécu humain. Dans notre cas, la racine *rhm* sert à forger le mot qui désigne les organes internes et particulièrement ceux de la femme, de la mère (*rêhêm*). Nous restons donc avec cette riche notion de parentalité, d'amour de Dieu qui s'exprime avec l'image concrète de l'amour d'une mère pour son enfant. Selon l'extraordinaire expression d'Osée, Dieu est pour nous « comme ceux qui soulèvent un nourrisson contre leur joue » (Os 11,4). Signalons un point important : nous avons là, selon les spécialistes, non pas une caractéristique accidentelle et contingente de la divinité, mais quelque chose qui a trait à son être même[4]. Dieu manifeste sa ten-

---

3. G. Anderson *et al.*, « RHM », *Theologisches Wörterbuch zum Alten Testament*, vol. 7, Stuttgart, W. Kohlhammer, 1973, col. 460-482.
4. *Ibid.*, col. 475.

dresse, mais bien plus que cela : *il est tendresse*[5] de la même manière qu'il est amour (1Jn 4,8).

Les images du texte biblique nous laissent donc avec cette idée que c'est probablement la figure de la mère avec l'enfant qui représente le cœur de la définition de la tendresse. Dans ce sens je dirai qu'on peut la définir comme un amour qui est une caractéristique de l'être et qui se dit dans la totalité de sa réalité et qui donc, au niveau de l'humain, inévitablement, s'exprime par et dans le corps, et entre les corps, que ce soit dans le toucher ou dans l'échange des regards ou d'un sourire.

L'amour qui part du plus intime de l'être et qui se prolonge jusqu'au baiser

La tendresse alors n'est-elle pas une manière de dire l'amour dans toute sa dimension corporelle, autrement dit l'amour qui va jusqu'au bout de son expression, passant du sentiment à sa manifestation la plus matérielle ? On pense là au sourire, à la caresse, à la main qui se tend, à la berceuse chantée par une mère, comme manifestations de l'amour porté à l'autre. Finalement existe-t-il d'autres manifestations possibles de l'amour en dehors de celle qui passe par la corporéité de l'amour-tendresse ?

---

5. On en trouve de multiples occurrences principalement dans les psaumes, mais pas exclusivement. Un exemple : Ps 103,8 ; 1J 2,13.

Une phénoménologie de la tendresse

Il y a dans l'histoire de l'art une figure que l'on appelle la *Vierge de tendresse*. Elle désigne en général, quoique non exclusivement, une des manières de représenter la Vierge à l'Enfant dans la tradition des icônes orientales. Une des plus célèbres est l'icône de la Mère de Dieu dite « de Vladimir »[6]. Cette image est un condensé de la phénoménologie[7] de la tendresse.

Ouverture sur le monde

D'emblée on est frappé par le regard des deux personnages : le regard de l'enfant qui se plonge dans celui de Marie. Celle-ci renvoie un regard qui n'est pas pur parallèle, pure réciproque de celui de son fils. Elle le regarde tout en nous regardant. Par là elle casse un lien fusionnel possible, elle ouvre au tiers, elle nous invite à entrer, à participer à cet échange. Elle évite le danger d'un enfermement dans un monde clos, dans la construction d'une

---

6. Icône probablement peinte à Constantinople au début du XIIe siècle, actuellement à la Galerie Tretiakov à Moscou. Cf. www.iconsexplained.com/iec/iecf_001_vierge_de_vladimir.htm.

7. Je pense ici à la manière dont la tendresse sort de nous et joue dans nos vies, à la manière dont elle nous apparaît. C'est en grande partie au travers de cet apparaître que nous pouvons comprendre ses structures essentielles.

solitude à deux[8]. La tendresse qui se partage est paradoxalement une ouverture au monde, ouverture double, à la fois *projection* au dehors et en même temps *appel* au tiers à venir partager la chaleur du lien. Théologiquement on rapportera cette image de non-fermeture de la relation à la non-fermeture des relations d'amour intra-trinitaires[9] qui est aussi admirablement suggérée dans l'icône de la Trinité de Roublev. Toute communauté d'amour implique un regard qui sort de la dyade, un appel au tiers, appel, pour celui-ci, à être témoin de ce qui se passe là, témoin de la tendresse possible, appel aussi à vivre cette tendresse pour lui, appel enfin à être intégré dans une communauté de tendresse.

---

8. Sur ce thème de la présence/absence du monde dans l'intimité de la caresse, voir les positions en contraste de Merleau-Ponty et de Levinas, *in* Agata Zielinski, *Lecture de Merleau-Ponty et Levinas. Le corps, le monde, l'autre*, Paris, Presses universitaires de France, 2002, p. 198-214.

9. Le Père, le Fils et l'Esprit, les trois personnes de la Trinité, sont en relation d'amour les unes avec les autres. Il y a comme un amour qui tourne entre eux (on parle techniquement de *périchorèse*) et qui sous-tend la totalité de leurs relations. En même temps, la Trinité est toujours une Trinité ouverte, c'est-à-dire que la communion des trois n'a pas pour but de former un club fermé mais de s'ouvrir aux humains et de leur communiquer l'amour et la tendresse divine. Cf. la prière de Jésus en Jn 17,21 : « ... qu'ils soient en nous eux aussi... »

Douceur, discrétion et humour

On n'imagine pas la tendresse comme quelque chose qui s'impose à grand bruit. Il y a chez elle une subtilité, une délicatesse, de l'ordre de ce qui différencie le rire aux éclats et le sourire. Et c'est peut-être parce qu'elle est respect de la fragilité de l'autre que la tendresse demande une infinie douceur et discrétion. D'où le fait que souvent on associe la tendresse à des images où se marient douceur et humour. L'humour étant justement ce qui casse la prétention du discours à la totalité.

Sentiment bidirectionnel

Si on regarde attentivement l'image de la Vierge de Vladimir, on voit la main de l'enfant qui, sur la gauche, ressort de derrière le cou de la mère. S'il y a le *se-pencher-sur* de la mère, il y a aussi le *se-serrer-contre* de l'enfant. Celui-ci reçoit mais aussi donne, et la mère donne mais aussi reçoit. Double mouvement inséparable, tendresse donnée autant que tendresse reçue par chacun des personnages, qui dit que l'apprentissage d'un *savoir donner* se conjugue nécessairement avec l'apprentissage d'un *savoir recevoir*. La tendresse est un sentiment bidirectionnel, ressenti pour soi en même temps que donné à l'autre. Une fois exprimé, sorti de soi, il devient demande à l'autre pour qu'il l'accepte, qu'il s'ouvre et se laisse pénétrer par ce qui est donné. Sinon le retour est amer, douloureux comme la perte de quelque chose de précieux. Tendresse qui devient souffrance quand elle ne peut pas se déployer dans le donner et le recevoir.

Tendresse demandée

Toujours à propos de cette main : l'enfant est positionné comme s'il attirait la mère à lui, comme si cette tendresse donnée, il la demandait avec force. Tendresse nécessaire à la vie qui dit le manque fondamental, que toujours l'autre vient combler en moi. La tendresse est donnée mais elle est toujours aussi demandée. C'est-à-dire qu'elle est de l'ordre du désir, d'un désir que l'autre vient apaiser dans l'immédiateté d'une relation où il me touche au plus profond et où son *être* se laisse toucher.

Mise à nu

Échanger de la tendresse, c'est alors reconnaître sa dépendance à l'égard d'autrui, le laisser entrer chez soi. La tendresse s'accommode mal de la méfiance. *Se laisser toucher* implique un *faire-confiance*, livrer quelque chose de soi-même, se mettre à nu. Cet aspect explique peut-être le fréquent sentiment de honte ou de gêne qui se manifeste lorsque la tendresse exprimée est vue trop au grand jour, comme si l'intimité avait été trop découverte.

Lien au corporel

Regards qui se croisent, joue pressant la joue, bras entourant le cou, tout ce qui nous parle de ce qui s'échange ici le fait par le langage du corps. Proximité physique qui dit la confiance, douceur du contact qui dit le respect de l'autre, signe de l'amour. La tendresse nous rassure, elle calme nos craintes de solitude et d'abandon ; elle est un « je suis avec toi[10] ! » Elle dit la présence d'autrui et, en creux, elle dit notre besoin de cette présence.

Proximité respectueuse d'autrui

La réflexion sur la manière de concevoir la tendresse comme amour allant jusqu'au bout de son expression corporelle nous dit énormément sur notre rapport à l'autre et à nous-même, sur la manière que nous pouvons avoir de vivre la distance interpersonnelle. Comment joue la tendresse dans le *s'approcher* ? La tendresse dit un « approchement », une entrée dans la sphère intime d'autrui. Elle signifie toujours un contact des corps, des regards, etc. Or, la proximité, c'est se faire proche, devenir concerné par l'autre, entrer

---

10. « Je suis avec lui dans son épreuve », dit le beau psaume des complies (91,15) à l'entrée de la nuit.

dans la non-indifférence à son égard. Importance ici du mouvement. La tendresse n'est pas un état mais un agir. Toujours elle invite à s'approcher, car l'insaisissabilité d'autrui fait que ce mouvement est sans arrêt à recommencer.

S'approcher dans la tendresse, c'est aussi être conduit à s'arrêter, à retenir son élan, son mouvement. On pense ici à la caresse[11], qui n'est caresse que dans la retenue d'un geste qui touche mais sans arrêt se retient pour ne pas blesser l'autre. Car il y a dans ce mouvement qui nous porte vers autrui à soudain se rendre compte de, et à résister à cette capacité que nous avons de « l'effracter », de le pénétrer, de nous l'approprier.

*Contre notre tendance constante
à vouloir nous approprier autrui*

La tendresse nous fait prendre acte de ce danger de détruire l'autre en le phagocytant. Détruire l'autre, parce qu'il n'y a pas de possibilité pour lui de rester humain si en me l'appropriant j'en fais ma chose, je le réifie. Déshumanisation non pas dans la pleine réalité de son être car, et cela est heureux, personne n'a le pouvoir de retirer totalement à autrui son humanité, mais déshumanisation de notre relation. Je peux, par mon attitude, par mon regard, etc., transformer une relation avec une autre personne en une relation avec une

---

11. A. Zielinski, *op. cit.*

chose[12]. *Pour moi* alors – et pour moi seulement – autrui perd son caractère d'humanité, ce qui ôte toute consistance à une prétention de tendresse ou de compassion.

Impossibilité pour l'autre d'être autre homme si je « l'effracte » et me l'approprie. La tendresse est bien dans le renoncement, dans la non-tentative de forcer cette impossibilité. Elle se construit sur le respect – le maintien d'autrui dans sa dignité d'humain –, sur cette ambiguïté de l'approche et en même temps du retrait devant l'impénétrabilité transcendante d'autrui. Elle reste, dans cet entre-deux d'un *toucher l'autre* qui toujours échappe, une poursuite qui pourtant ne cherche pas à entraver cette échappée. Échappée qui est alors paradoxalement ouverture, contact permis et bienvenu. La tendresse vraie est cette prise de conscience si difficile à faire d'une communication entre les êtres qui, plus elle avance, plus elle découvre ce qu'il y a d'incommunicable entre eux.

Conscience en même temps du danger toujours présent de mettre la main sur l'autre, de tenter de l'envahir, d'en prendre le contrôle. Prise de contrôle qui ne pouvant jamais se faire va progressivement détruire l'autre. Danger fort grand dans la compas-

---

12. Notion thématisée par les phénoménologues de l'intersubjectivité, en particulier Martin Buber et sa distinction des relations *Je-Tu* et *Je-Cela*. Cf. Martin Buber, *Je et Tu*, Paris, Aubier, 1969.

sion où l'asymétrie de la relation favorise cette dérive perverse de la tendresse. Beaucoup plus que dans les relations habituelles, le soignant doit prendre garde à ne pas prendre possession d'autrui. Prise de contrôle qui facilement se justifie par le désir d'aider, de faire quelque chose pour l'autre en souffrance mais qui se traduit souvent par une bienveillance paternaliste mortifère. Le soignant est pris au piège de la connaissance : sachant des choses, il croit savoir mieux que l'autre ce qui est bon pour lui.

La tendresse nous prévient alors de cette illusion dangereuse de vouloir être tout pour l'autre, de vouloir de force entrer chez lui, fût-ce pour son bien, et nous invite toujours à cette retenue nécessaire face au mystère impénétrable d'autrui. La tendresse pour subsister doit d'emblée prendre note de la possible vulnérabilité d'autrui et, en même temps, de la possible agressivité que tous nous portons. Même pour la personne la plus respectueuse et la mieux intentionnée, la tendresse se dit toujours comme un pacte de non-agression qui promet à autrui de le laisser être lui-même.

Dans le même temps, le *prendre soin* invite à oser cette proximité, à ne pas être comme François d'Assise rebuté par l'apparition d'autrui blessé et défiguré. Se faire proche tout en respectant l'intégrité d'autrui doit être considéré comme une attitude humaine fondamentale. Il ne s'agit pas là d'un comportement optionnel mais de l'exigence fondamentale de tout être qui est par nature social et d'une socialité aimante. Toute l'histoire du salut atteste de cette attitude fondamentale d'un *être-vers-les-autres jusqu'à les toucher tendrement* qui est une caractéristique de l'agir divin. C'est dans ce sens que Jésus peut être dit *tendresse de Dieu* qui vient poser délicatement sa main sur nous mais toujours nous laisse la liberté de la réponse ou du recul : « Voulez-vous partir, vous aussi ? » (Jn 6,67).

Respect et acceptation de l'autre dans sa fragilité
Celui qui souffre est fragilisé, mis en situation de dépendance. Dans ce sens, la compassion initiée par cette souffrance même qui affaiblit l'autre est un mouvement asymétrique. En me faisant partager quelque chose de la souffrance de l'autre, elle tente de rétablir une certaine symétrie mais toujours imparfaite. La tendresse, elle, est initiée non pas par la souffrance d'autrui mais par sa seule présence. Dans son *aller-jusqu'au-baiser*, elle établit d'abord le contact et se rit des différences. Le chevalier et le lépreux, la mère et l'enfant, Dieu et l'homme s'approchent l'un de l'autre dans la tendresse qui alors les relie, indépendamment du fait que l'un soit plus haut, plus grand ou en meilleure santé que l'autre.

Non-jugement
Le baiser donné est acceptation de l'autre tel qu'il est avec sa fragilité et ses blessures. Dans ce sens, c'est seulement quand François a renoncé à

porter un jugement sur la lèpre de celui qu'il croise en chemin qu'il a pu embrasser l'homme qui lui faisait face. La tendresse se refuse à porter un jugement sur la fragilité, elle est non-jugement absolu. On dira qu'il y a dans la tendresse un consentement à l'autre, à l'autre tel qu'il vient à moi, consentement qui vient de la reconnaissance de notre commune humanité, de cette parenté qui nous relie et qui implique que nous ayons part à la même fragilité et vulnérabilité.

Lieu d'une difficile distance entre neutralité et fusion

Un des plus grands dangers de la compassion, c'est le désir d'être tout pour l'autre, de partager sa souffrance entièrement jusqu'à ne faire plus qu'un avec lui. Désir plus général d'enfin pouvoir combler la distance qui me sépare de mon conjoint, de mes enfants, de mes amis. Blessure vive, inguérissable, en chacun de nous, disait Henri Nouwen[13], qui nous fait toujours courir après cette impossible fusion.

Richesse pédagogique, alors, de la tendresse qui trouve son bonheur dans le toucher de la caresse,

---

13. Henri J. M. Nouwen, *The Wounded Healer. Ministry in Contemporary Society*, New York, Doubleday & Co., 1979, p. 81-85. (Trad. franç. *Par ses blessures nous sommes guéris*, Montréal, Bellarmin, 2002.)

qui entre en contact tout en maintenant la distance. On remarquera que physiologiquement, dans la caresse, la juste distance n'est jamais définitivement acquise. Le geste doit être constamment régulé entre l'avancée et le retrait par la tension et le relâchement des muscles. Comme sur un fil, un équilibre jamais gagné, toujours à retrouver. Il faut bien dire que ce travail de recherche constante de la juste distance est exigeant et éprouvant. Exigeant parce qu'il demande une constante attention à l'autre, à ses réactions, à ce qu'il ressent et à ce qu'il redonne de la tendresse de qui l'approche. Éprouvant parce que justement il met le doigt sur la blessure de l'impossible fusion toujours ouverte en nous, de cette distance, de ce fossé impossible à combler qui toujours nous sépare de tout autre, fût-il le plus proche.

Peut-être alors, pour nous protéger de cette difficile proximité qui exige et qui éprouve, serons-nous tentés de rester à bonne distance, sur notre cheval comme François. Mais alors, il n'y a plus de baiser, il n'y a plus de bras passé autour du cou, il n'y a plus de regards, de sourires, de paroles douces qui s'échangent. Il y a ce que certains ont appelé dans le domaine des soins la « neutralité thérapeutique », l'empathie opposée à la sympathie[14]. Je

---

14. Sur le découplement de la sollicitude et du soin, voir Virginie Pirard, « Qu'est-ce qu'un soin ? Pour une pragmatique non vertueuse des relations de soin », *Esprit*, n° 1, 2006, p. 80-95.

comprends la douleur de l'autre, mais je ne me laisse pas toucher par elle. Peut-on compatir sans s'approcher, sans toucher l'autre et se laisser toucher par lui ? La tendresse fait là office d'avertissement. Si, pour se protéger, on se retire dans une neutralité bienveillante, alors la tendresse disparaît et avec elle l'expression d'un lien vraiment humain. Si nous voulons vraiment maintenir ce lien, constamment la tendresse nous avertit de l'impossible neutralité, de la proximité nécessaire, de la même manière qu'elle nous dit l'impossible fusion, la juste distance à toujours garder.

Toucher et se laisser toucher, la prise au sérieux de notre dimension corporelle

> Il s'approcha, banda ses plaies en y versant de l'huile et du vin, le chargea sur sa propre monture (Lc 10,34).

Encore plus que sa vue, c'était le toucher du lépreux qui rebutait le cavalier d'Assise. Et son *aller-jusqu'au-baiser* a, ici, une forte signification dans le mutuel toucher des corps qu'il implique. Nous sommes des êtres de chair et il est important pour nous que ce qui nous arrive soit inscrit dans notre chair. La tendresse exige de la compassion vraie qu'elle ne soit pas une pure contemplation d'autrui blessé – peut-être est-ce là la pitié que beaucoup refusent ? –, mais qu'elle soit toujours un *aller-vers*. D'ailleurs, fondamentalement, la compassion implique un agir qui me pousse à m'approcher d'autrui, à le toucher, à faire quelque chose pour lui, à panser ses plaies, à le saisir à bras-le-corps. Cet agir compatissant ne peut faire l'économie d'un « approchement » *jusqu'au-delà de ce qui rebute au premier regard*. Toucher ce corps, toucher la souffrance de la chair, c'est un moyen de prendre encore un peu plus cette douleur sur soi, de la partager, c'est-à-dire de compatir. C'est là qu'on voit l'imbrication de la tendresse et de la compassion. Le toucher de la compassion ne peut être autre que le toucher aimant de la tendresse qui toujours reste en arrière-fond.

Il n'est pas sans importance que la tendresse s'exprime souvent au travers du toucher. Si on la considère comme expression de l'amour au niveau de l'être entier, cela indique bien une anthropologie qui fait de la corporéité un trait indispensable de l'humanité. Dire quelque chose en tant qu'humain, c'est donc le dire avec son corps. Exprimer l'amour pour un proche, c'est le faire avec son corps, dimension qui prend toute sa signification dans l'acte du toucher.

Ce petit parcours, qu'il faudrait développer beaucoup plus, avait pour but d'éclairer une dimension de la compassion que l'on aborde peu, mais qui fondamentalement ne peut être ignorée. La tendresse n'est pas quelque chose d'optionnel que l'on peut rajouter à la compassion ; elle est ce qui la sous-tend, elle est à son origine. La compassion vraie ne peut être que tendresse. Mais, nous l'avons montré, la tendresse a un spectre plus large que celui de la compassion. Elle se dit dans la tristesse – beaucoup de commentateurs soulignent la mélancolie qui émane du visage de la Vierge de Vladimir – mais elle se dit aussi dans la joie. Sentiment alors qui véhicule toute la richesse de l'*être* et qui indique que la compassion ne peut se limiter à un *souffrir-avec* – comme trop souvent dans une activité caritative auto-satisfaite – mais qu'elle est tension, toujours, vers la joie, vers un au-delà, l'au-delà du baiser, c'est-à-dire l'Au-delà d'un *vivre-ensemble* où nous sommes invités tendrement par Dieu : «... sans relâche, avec tendresse, je vais te rassembler » (Es 54,7).

Une joie insolite :
l'ouverture des entrailles

Lytta Basset

On le sait par expérience, être en contact avec sa propre souffrance permet d'entrer en résonance avec celle d'autrui : rien de tel pour s'ouvrir à la compassion ! C'est la démarche inverse qui semble poser problème : devant des souffrances en aussi grand nombre, « il faut se protéger », entend-on de tous côtés. Mais se protéger de quoi ? De qui ? Pourquoi serait-il dangereux de s'exposer à la souffrance d'autrui ? C'est qu'elle risque de nous mettre en contact avec notre propre souffrance – que nous ne sommes pas encore prêts à aborder. La détresse d'autrui menace de réveiller en nous une détresse *qui nous appartient* et qui nous déborderait. C'est donc de nous-mêmes qu'en définitive nous nous protégeons. L'auto-contrainte induite par le « il faut » indique bien que, spontanément, nous ne le ferions pas : nous nous laisserions toucher par autrui.

Nous voilà d'entrée de jeu accrochés par le *cum* de compassion, le *avec* du pâtir-avec (latin *cum-*

passio) – qui évoque une réciprocité involontaire, un mystérieux va-et-vient, une sorte d'osmose, un « être-affecté ensemble » contre lequel on essaie parfois de se prémunir. Il ne s'agit pas là de la *pitié* qui à l'origine est de la même racine que la piété (latin *pietas*) et concerne avant tout les actes entrepris pour soulager autrui[1]. Il ne s'agit pas non plus de la *charité*, qui désigne l'amour du prochain en général[2], ni de la *miséricorde* – avoir le cœur (*cor*) sensible à la pitié. Et il ne s'agit pas, enfin, de l'*empathie* (grec *en-patheia*, sentir dedans) ou capacité à percevoir l'expérience subjective d'une autre personne[3].

La « compassion » désigne donc cette expérience très subjective où l'on sent ou souffre-avec autrui et non à sa place en se projetant sur lui. Notre réflexion s'enracinera dans la compréhension évangélique de la compassion. Les évangiles ne nous parlent pas de « la compassion », mais utilisent systématiquement un verbe – « être ému aux

---

1. La distinction apparaît clairement dans la parabole du Samaritain de Lc 10 : au verset 33, il est « *ému aux entrailles* » ; au verset 37a, le « prochain » de l'homme blessé, c'est ce Samaritain qui « a *fait la pitié* avec lui ».
2. Le mot est tiré du latin classique *caritas* (« affection »), lui-même dérivé de *carus,* « cher ».
3. Ce terme plutôt récent (inventé dans les années 1920) a d'abord été utilisé par les théoriciens de l'esthétique : par l'empathie, on peut *sentir de l'intérieur* ce que l'artiste a tenté d'exprimer.

entrailles » : c'est donc toujours quelque chose de dynamique, qui bouge et fait bouger. Notons également que ce verbe est toujours au passif : on est pris aux entrailles par... Par autrui souffrant, par la situation de détresse dans laquelle on se trouve impliqué, mais surtout... par Celui qui donne à vivre une telle expérience, se tenant invisible, comme en retrait, et qu'on s'abstient de nommer par respect du mystère.

Or, dans tous les passages concernés, on peut observer une *distance* entre les deux personnes : soit elle est matérielle et explicite (par exemple, Jésus s'était auparavant mis « à l'écart »), soit elle est symbolique (par exemple, l'univers du roi profondément libre de Mt 18 est très éloigné de celui du serviteur enfermé dans le fantasme de la réparation). La distance indique une solitude assumée : je ne peux t'éviter de souffrir, et vice versa, tu es toi et je suis moi. En outre, la distance rend chaque fois possible un regard neuf sur la personne souffrante : quand on est « ému aux entrailles », on « voit » autrui avec d'autres yeux, dans sa vulnérabilité, hors de toute menace[4].

Il peut paraître étonnant que dans les évangiles Jésus seul soit « ému aux entrailles », comme s'il fallait souligner l'origine divine d'une telle expé-

---

4. Pour plus de détails, voir Lytta Basset, *La Joie imprenable*, Paris, Albin Michel, 2004 (1996), en particulier p. 151-161 et 350-416.

rience : il ne s'agit pas du simple élan d'un cœur sensible, mais de quelque chose de beaucoup plus inattendu. On pourrait en parler comme d'une *déchirure bénéfique* – qui « élargit le cœur » (Mt 18,26) – ou d'une communion inexplicable dans la vulnérabilité, même lorsque l'autre n'en sait rien... et c'est comme un accomplissement de tout l'être, la brusque éclosion de ce que l'on a de meilleur au fond de soi. Le plus souvent, « voir » et « être ému aux entrailles » sont simultanés : c'est comme si la perception intime d'autrui réveillait le plus intime de soi-même.

Si Jésus a raconté trois paraboles où quelqu'un est « ému aux entrailles », n'est-ce pas qu'à ses yeux cette expérience est à la portée de tout être humain ? La voie passive semble induire qu'on n'y peut rien – c'est donné ou non : on ne peut qu'espérer ressembler au Père compatissant (cf. Lc 6,36). Mais dans le sillage du Christ – icône de la Compassion parmi nous – chacun peut préparer le terrain. L'idée était déjà présente dans les textes de Qumrân[5] : « Dans les derniers jours, Dieu enverra sa miséricorde sur la terre, et là où il trouvera des entrailles de miséricorde, là il habitera. Car autant l'homme a pitié de son prochain, autant le Sei-

---

5. Collection de manuscrits et de fragments découverts dans le désert de Judée et attribués à la secte juive semi-monastique des Esséniens (du IIe s. av. J.-C. au Ier s. ap. J.-C.).

gneur a pitié de lui[6]. » En effet, là où nous faisons de la place en nous pour autrui, nous faisons de la place pour Dieu.

Il nous faut encore regarder comment la compassion se détache sur la toile de fond de l'*amour*. Dans la Bible hébraïque, le sens du verbe ['ahab], aimer, est illustré par des verbes synonymes qui désignent des gestes concrets – « s'attacher à », « se lier à », « courir après », « suivre », « chercher ». Mais ['ahab] n'est jamais mis en parallèle avec le verbe [raham], « être ému aux entrailles[7] ». La compassion est donc bien une expérience unique en son genre, que personnellement j'appellerais une é-motion, au sens étymologique : une intervention d'origine divine qui nous *meut-hors de nous-mêmes*... vers une dimension inattendue de notre être-ensemble. Un tel bouleversement identitaire est capable de générer des actes aimants, mais lui-même n'est pas un comportement volontaire.

Sans doute est-ce là la raison pour laquelle, à proximité de nos trois paraboles, on trouve la joie : dans la parabole dite du serviteur impitoyable (Mt 18,23-35), la compassion du roi est précédée par la joie du berger ; la parabole du

---

6. Testament de Zabulon 8, 1-3, cité par Dominique Cerbelaud, « Miséricorde », *Dictionnaire critique de théologie*, Paris, PUF, « Quadrige », 2002, p. 743.

7. Voir art. « Aimer, 'ahab », *Nouveau vocabulaire biblique*, Paris/Montréal, Bayard/Médiaspaul, 2004, p. 54.

Samaritain pris de compassion (Lc 10,25-37) est précédée par la joie de Jésus et par la béatitude « heureux les yeux qui voient… » ; et dans la parabole des deux fils (Lc 15,11-32), la compassion du père est étroitement liée à sa joie. C'est à se demander si l'enjeu le plus profondément spirituel de la compassion n'est pas la joie de l'être-ensemble bien plutôt que l'altruisme ! Et la meilleure manière de préparer le terrain consiste peut-être à repérer quelques obstacles majeurs à l'irruption de cette compassion dont Dieu seul a le secret.

De la peur de la proximité à l'expérience de l'unité

La « part perdue »

D'où vient la peur de se laisser approcher par autrui ? En Mt 18, en amont de l'histoire du roi ému aux entrailles, on trouve une petite parabole : celle de la brebis égarée[8]. Or, ce qui la précède renvoie à l'enfance : il y est question de « s'abaisser » jusqu'à l'enfant en soi, d'« accueillir » ce « petit » qu'on avait pris l'habitude de « mépriser », qu'on avait laissé « s'égarer ». On peut entendre qu'il

---

8. « Qu'un homme ait cent brebis et qu'une seule d'entre elles soit égarée, ne laissera-t-il pas les quatre-vingt-dix-neuf sur les montagnes pour aller chercher l'égarée ? » (Mt 18,22).

s'agit de la part perdue en chacun : « Le fils de l'homme (auto-désignation de Jésus) est venu sauver *ce qui* était perdu » (v. 11) : à travers Jésus, c'est donc Dieu qui va à la recherche de cette part perdue indispensable à notre unification. Le contexte montre bien qu'il s'agit de notre part souffrante, la plus vulnérable, celle pour laquelle, adultes, *nous n'avons plus aucune compassion*.

Si la brebis perdue représente symboliquement notre part la plus précieuse, n'est-ce pas parce que sans elle nous ne sommes pas vraiment nous-mêmes ? On comprend alors la joie du berger quand le troupeau est entier : il a (re)trouvé son unité intérieure et sa paix ! On comprend aussi pourquoi on s'était « protégé » des autres : cette part perdue, occultée, niée parce que trop douloureuse, menaçait de se réveiller au contact de la part souffrante d'autrui.

Or, dans la suite du chapitre, la compassion ne va pas tarder à apparaître : un « être humain, un roi » à qui un serviteur devait une énorme somme[9] se trouve brusquement « ému aux entrailles » devant la détresse de son serviteur : « Aie un grand cœur à mon égard ! », avait supplié ce dernier (v. 26)… et le cœur du roi s'était comme élargi. Est-ce un hasard si cette parabole fait suite à celle

---

9. Langage courant, dans le Nouveau Testament, pour dire le tort, la faute, l'injustice, comme par exemple dans le Notre Père : « Remets-nous nos dettes ! » (Mt 6,12).

du berger ? L'expérience le montre : l'unification intérieure initiée par Dieu au plus secret de nous, au lieu de nous enfermer en nous-mêmes, crée de l'espace pour autrui.

Et la joie est indissociable du processus : « S'il arrive que [le berger] la trouve, en vérité je vous dis, il se réjouit à son sujet plus qu'au sujet des quatre-vingt-dix-neuf qui ne s'étaient pas égarées » (v. 13). D'où vient la joie ? De l'unité (re)trouvée. Comment se traduit-elle ? Par l'ouverture compassionnelle à autrui. Que suppose la compassion envers autrui ? L'auto-compassion. Et qui se tient en amont de l'auto-compassion ? Le Seul qui, ne laissant jamais « se perdre » notre part souffrante, réveille en nous le pouvoir divin d'aller à sa recherche – double affirmation de Jésus, au début et à la fin de l'histoire de la brebis perdue, comme pour l'encadrer (v. 10 et 14). À la lumière de Mt 18, on pourrait sans doute aller jusqu'à dire de cette joie très particulière qu'elle *est* elle-même ouverture des entrailles.

Devenir le prochain

Une deuxième parabole où un humain est « ému aux entrailles » (Lc 10,25-37) est introduite par un dialogue entre Jésus et un légiste. Celui-ci sait très bien que la joie – l'avant-goût de la « vie éternelle »[10] – est à chercher du côté de la relation

---

10. Voir sa question initiale à Jésus : « Que dois-je faire pour avoir la vie éternelle ? » (v. 25).

aimante à autrui[11]. Mais cela ne donne rien. C'est comme si quelque chose l'empêchait de vivre vraiment en relation et que la joie lui était interdite. Derrière sa question suivante – « et qui est mon prochain ? » – on dirait que Jésus entend la détresse de celui qui, ayant peur de la proximité, est incapable de s'ouvrir aux autres. C'est que l'homme avait lui-même mis le doigt sur l'obstacle à la compassion : la difficulté à se laisser approcher et à approcher autrui pour communiquer en profondeur.

Afin de l'aider à « devenir le prochain » d'autrui, Jésus change de registre en racontant une parabole. En effet, ce n'est pas à coups d'arguments qu'on entraîne autrui à vivre la compassion[12] ! Or, juste avant sa rencontre avec le légiste, Jésus venait d'« exulter de joie dans le souffle saint » à cause de ces « tout-petits » qui « voient » ce que les savants et intelligents ne voient pas : « Heureux les yeux qui voient ce que vous voyez ! », avait-il affirmé (v. 21-24). Et voilà qu'il se met à raconter l'histoire d'un Samaritain – un « tout-petit[13] » – qui est « heureux », car il « voit » ce que les autres ne voient pas !

---

11. « Comment » lit-il la Loi ? demande Jésus. Comme l'appel à aimer Dieu et son prochain (v. 26 s.).
12. On sait aujourd'hui que si la partie gauche du cerveau est le siège de la logique, du raisonnement, etc., la droite est plutôt celui de l'imagination, de l'intuition, de la créativité.
13. Les Samaritains étaient méprisés et haïs par les Juifs, et la scène se passe hors de Samarie.

Que voit-il ? Un homme victime de bandits, gisant « à moitié mort » dans le fossé. Alors que les deux premiers passants, un prêtre et un lévite, « voient et vont contre-à côté » (v. 31 s.), le Samaritain faisant route *vient près* du blessé, puis « voit, est ému aux entrailles *et s'approche-tout contre* » (v. 33 s.).

Qu'a-t-il vu que les autres n'ont pas vu ? Et pourquoi s'approche-t-il deux fois ? On peut penser qu'étant lui-même en contact avec sa part blessée et exclue, il a pu se laisser affecter par le dénuement et l'exclusion d'un autre. Ému aux entrailles, il s'approche davantage... *de lui-même* peut-être aussi, accédant à une nouvelle dimension de son identité : il est plus et autre qu'un Samaritain méprisé et exclu ; ou bien il est plus et autre que cet homme dur et égoïste qu'il croyait être, etc. Si la proximité avec le blessé ne lui pose pas un problème, c'est peut-être parce qu'il connaît la douleur du rejet et de l'injustice de l'intérieur : on laisse entrer autrui dans ses entrailles quand on n'a pas grand-chose à perdre, ayant suffisamment assumé son propre dénuement pour que le dénuement d'autrui ne soit plus menaçant.

Le Samaritain est tellement en lien avec l'autre, dans une vulnérabilité partagée, affecté en même temps que lui mais à sa manière propre, qu'il se retrouve lui aussi comme « à demi mort », arrêté dans son voyage, ses objectifs, son activisme. Seule mention dans tout le Nouveau Testament, « à demi mort » dit beaucoup de la communication d'être à être qui se joue dans la compassion : en se trouvant relié dans une extrême profondeur à un homme « à demi mort », le Samaritain est pour ainsi dire ramené à sa propre vulnérabilité, à cette existence « à demi morte » qui est le propre d'une condition humaine toujours en deçà de son potentiel de Vie ! On ne redoute plus la proximité, on « *devient* le prochain » d'autrui (v. 36) – avec tous les gestes concrets qui en découlent – quand on développe sa sensibilité à tout ce qui, dans son être profond, est encore « à demi mort ». Être compatissant, pour Anselm Grün, c'est « laisser autrui accéder à cette zone où l'on est soi-même vulnérable[14] ».

Devenir le prochain est un chemin d'humanisation qui s'offre à toute personne désireuse d'accéder à la joie. Selon le philosophe Max Scheler, la sympathie – *sun-patheia*, équivalent grec du latin *cumpassio* – est « innée » et « fait partie de la constitution de tout être capable de sentir[15] ». La neurologie va aujourd'hui dans le même sens. D'une part, l'auto-compassion semble pouvoir se (re)développer même au niveau neuronal : les stigmates émotionnels les plus terribles finissent par

---

14. Anselm Grün, *Petit traité de spiritualité au quotidien*, Paris, Albin Michel, 1998, p. 201.
15. Max Scheler, *Nature et formes de la sympathie. Contribution à l'étude des lois de la vie affective*, traduit de l'allemand par M. Lefebvre, préface d'Antonia Birnbaum, Paris, Payot & Rivages, 2003 [1928], p. 259.

s'effacer si l'on y travaille[16]. D'autre part, les expériences menées dans les prisons sous le nom de « justice réparatrice » montrent qu'il est possible de soigner des criminels dépourvus d'empathie en leur faisant développer la capacité de se mettre à la place de la victime[17] : en (re)contactant la victime en eux-mêmes, ils peuvent alors s'ouvrir à l'auto-compassion.

Face à la peur d'être englouti, la différenciation

Mourir de la mort d'autrui ?

Si « la pierre de touche pour l'authenticité du compatir est sa capacité à faire avancer les partenaires vers la vérité de leur propre vie et de leur relation[18] », il ne s'agit pas de se noyer dans la souffrance d'autrui. Il s'agit d'être suffisamment différencié pour ne pas confondre sa propre souffrance avec celle de l'autre. Prenons maintenant la troisième parabole qui met en scène un être humain ému aux entrailles, la parabole dite du fils

---

16. Cf. Daniel Goleman, *L'Intelligence émotionnelle*, Paris, Robert Laffont, 1997, p. 262. Le chapitre 7 est entièrement consacré aux racines physiologiques et psychologiques de l'empathie.

17. *Ibid.*, p. 141 s.

18. Michel Demaison, « Compatir, une alliance pour vivre », *La Vie spirituelle*, n° 728, 1998, p. 444.

prodigue. Ce serait la parabole de l'engloutissement si le père se noyait dans le malheur du fils cadet. Rétrospectivement, il dit que son fils « était mort » alors que personne ne le lui avait annoncé... et pour cause ! Ne parle-t-il pas de sa propre expérience ? Quand son fils avait disparu, lui-même était comme « mort » puisque la relation était morte. Englouti dans le malheur du fils, comment aurait-il vécu la compassion qui, elle, suppose la différenciation et l'acceptation qu'on ne peut pas éviter à autrui de souffrir ?

Le texte reflète bien cette distance indispensable à l'authentique compassion : le fils était « parti loin de... au loin » (Lc 15,13), et à son retour le père le « voit » alors qu'il est encore « au loin, à distance » (v. 20). Là aussi, la compassion fait irruption comme un regard neuf sur autrui : « Il le vit et fut ému aux entrailles » (v. 20)... Parce qu'il ne fusionnait plus avec lui[19], il le vit comme pour la première fois : il vit un *autre* aussi démuni que lui-même, en demande criante de relation.

C'est l'histoire d'un père « devenu le prochain » de son fils. Une fois de plus, la compassion est allergique à l'argumentation : c'est le corps du père qui parle de cette proximité devenue inoffen-

---

19. Parmi les indices de cette fusion : l'absence totale de dialogue entre le père et le fils jusque-là, et la souffrance du fils aîné lié à son père comme un « esclave » (cf. Lytta Basset, *La Joie imprenable, op. cit.*).

sive, par des gestes de tendresse tout à fait inhabituels pour l'époque. On dirait que plus le temps passe, plus le père déborde de vie relationnelle, prenant de mieux en mieux conscience de la « mort » qu'il a lui-même traversée : « [mon fils] a *repris vie* », dit-il au verset 24, et un peu plus tard, « il est *venu à la vie* » (v. 32)… comme s'il n'avait jamais vécu ! N'est-ce pas son propre regard, tout neuf, qui lui fait voir à quel point lui-même n'avait jamais vécu non plus, au sein de cette famille où l'on ne communiquait pas ?

C'est dans cette parabole que le rapport entre la compassion et la joie est le plus évident. Peut-être parce que cet « être humain, un père » est allé jusqu'au bout de sa « mort », a intégré tout son vécu de rejet, d'exclusion, de mort relationnelle et que, n'ayant plus rien à perdre, il n'est plus menacé d'engloutissement devant la souffrance de ses fils. Il a tout perdu et il voit bien qu'il n'en est pas mort. À quoi le voit-il ? À sa capacité d'être « ému aux entrailles ». Rien de tel pour s'assurer qu'on est bien vivant malgré tout ! On est devenu capable de vibrer à autrui sans être englouti dans *son* malheur ou *sa* méchanceté… qui *lui* appartiennent. « Celui-ci, mon fils, était mort » (v. 24) : c'est d'abord « celui-ci », un individu différencié, une personne à part entière[20]… et ensuite, c'est « mon fils », nous

---

20. Le mystère du fils reste entier : « La conscience qu'en tant qu'hommes finis nous ne pouvons pas voir exactement

avons un lien particulier. Même accent sur la différenciation d'une part, et le lien d'autre part, au verset 31, quand le père dit à son fils aîné : « toi, tu es toujours avec moi » – toi et moi, deux personnes clairement différenciées... et entre nous deux, le « avec » qui dit le lien de la compassion. « Compatir [...], c'est souffrir de la souffrance d'autrui en tant que d'autrui, écrit Max Scheler. Dans aucun cas, il n'est question d'une fusion affective ou d'une identification quelconque avec autrui[21]. »

Obstacle à la compassion, la peur de l'engloutissement est souvent alimentée par le comportement pervers d'autrui. C'est vieux comme le monde : autrui se montre gentil, suscite ma compassion... et en profite pour prendre le dessus. Telle est l'interprétation que donnent les rabbins de Gn 4,8 « et Caïn se leva... » : dans l'affrontement des deux frères, Abel avait mis Caïn à terre. Celui-ci évoqua la douleur de leur père au cas où Abel le tuerait. Abel, pris de compassion, relâcha son étreinte et Caïn en profita pour « se lever » et le tuer[22]. Là aussi, il s'agit de ne pas mettre la charrue avant les bœufs : tant qu'on se laisse manipu-

---

ce qui se passe dans l'âme des autres [...] est inhérente et essentiellement inhérente à toute sympathie » (= compassion), écrit Max Scheler, *op. cit.*, p. 151.

21. *Ibid.*, p. 101.
22. Cf. Josy Eisenberg et Armand Abécassis, *Moi, le gardien de mon frère ?*, Paris, Albin Michel, 1980, p. 180 s.

ler, c'est qu'on n'est pas encore clairement différencié. La tâche première est le passage de « l'épée » du Christ[23] qui nous fait accéder à notre identité indestructible – espace de grande solitude, loin de toute confusion menaçante. Assurés sur ce roc, nous ne cherchons plus à plaire, à être « gentils », à nous conformer à autrui. Alors l'authentique compassion peut venir, mais cela n'est pas dans nos mains...

Re-susciter autrui

Être ému aux entrailles comme le père de Lc 15, c'est naître à la Vie en ayant assumé sa propre mort et son incapacité à sauver autrui. C'est sortir de sa propre souffrance et, sans même y prendre garde, resusciter autrui dans le même mouvement. Compassion et résurrection, indissociables en Lc 7,11-17 quand Jésus re-suscite un fils unique, à Naïn. Là encore, lui-même est clairement différencié : le cortège de vie dans lequel il se trouve croise le cortège de mort[24] ; la réalité n'est pas édulcorée : en face de lui, « un mort » et une mère qui, elle, n'est désignée qu'en fonction de la mort

---

23. Cf. Mt 10,34 : « Je ne suis pas venu apporter la paix mais l'épée. En effet, je suis venu séparer l'humain de son père, la fille de sa mère et la belle-fille de sa belle-mère... »
24. Cf. les versets 11 et 12 : « Faisaient route avec lui ses disciples et une foule nombreuse [...]. Une foule considérable de la ville était avec [la mère du mort] ».

de son mari (une « veuve ») – doublement enfermée dans la mort.

Jésus, « la voyant, est ému aux entrailles ». S'il la « voit », c'est que lui-même n'est pas noyé-fusionné avec ce « fils unique » mort, quand bien même il fait route vers Jérusalem, donc vers sa propre mort. Il n'est pas noyé non plus dans la douleur de sa propre mère par anticipation. Ni peur de l'engloutissement ni peur de la proximité : il « touche la civière » et s'il peut « *réveiller* » le jeune homme, c'est que lui-même l'est – « un prophète, dira la foule, s'est *réveillé* parmi nous » (v. 16). C'est chaque fois le verbe *egeirô*, qui avec *anistèmi* est l'un des deux verbes utilisés par le Nouveau Testament pour dire la résurrection de Jésus. Mais on peut se demander s'il ne « réveille » pas également la mère : en effet, quand il « touche la *civière* », le mot utilisé [*sophos*] signifie « urne », « cercueil », « civière », mais aussi… « vieille femme décrépite » !

La compassion n'est-elle pas essentiellement un toucher de l'âme qui s'efface aussitôt pour laisser l'Autre, la Source de la compassion, faire du neuf ? Ici, une mère devait être défusionnée de ce fils sans existence propre, contraint d'occuper la place du père mort – « fils unique *pour elle* » (v. 12) : en effet, le voilà qui « *commence* à parler » (v. 15), comme s'il n'avait jamais pu jusque-là prendre la parole ! L'autre, le Tiers à l'origine de toute vie a fait irruption dans une relation duelle mortifère :

« Jésus le *donna* à sa mère », et non « le rendit à sa mère » comme on traduit trop souvent. C'est que, pour la première fois, elle reçoit son fils *de Dieu*, comme un cadeau, ce qui laisse présager une relation gratuite entre ces deux êtres désormais différenciés – hors dette et hors confusion. Compassion et résurrection... Comment ne pas penser aux paroles de Jésus sur la croix à l'adresse de sa mère et de son disciple Jean ? « Femme, voici ton fils. Fils, voici ta mère » (Jn 19,26).

Par-delà la peur de l'inconnu, une déstabilisation bienfaisante

On peut être profondément dérangé par la compassion. Ce fut le cas du jeune Simon Wiesenthal, appelé au chevet d'un nazi du même âge qui implorait le pardon des Juifs avant de mourir[25]. La peur de ne pas savoir jusqu'où cela peut entraîner – autre obstacle à la compassion – semble traverser le récit de la première guérison de lépreux en Mc 1,40-45. On est au tout début de l'évangile le plus

---

25. Cf. Lytta Basset, Postface à Simon Wiesenthal, *Les Fleurs de Soleil*, Paris, Albin Michel, 1999, p. 193 : « La compassion revenait, telle une mouche obsédante, et la proximité qu'elle créait entre vous deux vous faisait horreur [...]. La tentation de la compassion... La peur d'une complicité répugnante avec l'assassin... la honte de trahir les victimes en laissant croire qu'on pactise avec le bourreau... »

ancien : on dirait qu'il porte la trace d'un combat, en Jésus, entre la compassion et la colère. D'une part, au verset 41, selon certains manuscrits, Jésus est « ému aux entrailles », mais selon d'autres, il est « irrité ». D'autre part, au verset 43, « s'irritant contre [le lépreux], il le jeta dehors aussitôt » – du même verbe *ek-ballein* qui est utilisé quelques versets plus tôt à propos des démons qu'il « jetait dehors » (v. 39) !

N'est-ce pas là l'un de ces passages où affleure particulièrement l'authentique humanité de Jésus ? Il était sorti « à la nuit noire » pour aller « prier dans un lieu désert » et voilà qu'on le « poursuit[26] » : « tout le monde te cherche. » Son ambivalence n'est-elle pas compréhensible ? N'est-il pas fâché de se voir poussé à agir par quelque chose de plus fort que lui – tellement fort qu'il « touche » le lépreux, geste terriblement contagieux, pas vraiment nécessaire, mais qui dit combien il s'est laissé toucher par la souffrance de l'homme. Compassion dérangeante, dont il fait l'expérience pour la première fois dans cet évangile : peut-être aurait-il préféré ne pas « voir » ce qu'il a vu... car si maintenant tous les lépreux de Palestine se mettent à le poursuivre ?

C'est que l'expérience de la compassion subvertit notre manière de raisonner : par elle on

---
26. En grec classique, le nom qui est bâti sur ce verbe, *katadiôxis*, signifie la poursuite et même la persécution !

« connaît » autrui d'un seul coup *sans y réfléchir*... et désormais on ne peut plus faire comme si on ne le savait pas souffrant. « La charité des grandes âmes, leur surnaturelle compassion semblent les porter d'un coup au plus intime des êtres, écrit Georges Bernanos. La charité, comme la raison, est un des éléments de notre connaissance. Mais si elle a ses lois, ses déductions sont foudroyantes, et l'esprit qui les veut suivre n'en aperçoit que l'éclair[27] ».

Notre manière de raisonner se trouve également mise en échec par la multitude des êtres souffrants : jusqu'où ira notre responsabilité, donc notre ouverture à la compassion, si tout visage humain – à plus forte raison souffrant – est une question vivante attendant une réponse ? « Responsabilité pour autrui, affirme Emmanuel Levinas, donc responsabilité pour ce qui n'est pas mon fait ou même ne me regarde pas ; ou qui précisément me regarde, est abordé par moi comme visage [...]. Dès lors qu'autrui me regarde, j'en suis responsable sans même avoir à *prendre* de responsabilités à son égard ; sa responsabilité *m'incombe*[28]. »

Enfin, notre expérience de la compassion pulvérise parfois la logique de notre objection « cela ne

---

27. Georges Bernanos, *Sous le soleil de Satan*, Paris, Plon, 2003 (1926), p. 154.
28. Emmanuel Levinas, *Éthique et infini*, Paris, Fayard, 1982, p. 103.

sert à rien, c'est du temps perdu ». Nous découvrons alors une compassion féconde face à une personne pour laquelle nous ne pouvons strictement rien ! Ainsi, Xavier Emmanuelli, cofondateur de Médecins du monde, explique qu'un médecin ne peut pas avoir d'états d'âme quand, sur le terrain, il s'occupe des victimes d'averses d'obus : ce serait du « temps perdu » pour elles et pour lui. La scène qu'il raconte se passe au Cambodge : « J'en arrivai à cette femme toute jeune, éventrée par un éclat d'obus ; le diagnostic ne traîna pas : elle était perdue. » Il voit alors son collègue Daniel Pavard faire quelque chose à quoi il ne s'attendait pas : « Il vient se placer derrière la jeune Cambodgienne, referme sur elle ses bras, loge sa tête couverte de sueurs froides sur sa poitrine à lui ; en caressant ses cheveux, doucement il lui parle, alors qu'elle ne peut pas comprendre un mot de ce qu'il lui dit ; il lui parle doucement comme il la caresse, avec une délicatesse infinie [...]. Image immobilisée et qui suspend le temps, lui qui enlace la douleur et la peur de cette jeune femme qu'il ne connaît pas, elle qui va mourir dans les bras d'un homme inconnu [...]. Il est tout entier dans ce geste pour elle qu'il ne s'est pas commandé, qu'il n'a pas décidé ni réfléchi [...]. Il a aboli toute la solitude de cette mourante et du même coup, je le sais à présent, la solitude humaine universelle dans son ensemble, pour un instant. Je sais aujourd'hui, mais il m'a fallu longtemps, que je venais de voir en acte un état de l'être humain qui s'est ouvert devant moi comme un mystère. Je venais de voir un geste de compassion. Mais je ne savais jusqu'alors ni la reconnaître ni lui donner son nom[29]. »

D'un côté donc, l'incitation à une compassion qui ouvre toujours davantage la porte à l'infinie Compassion. De l'autre, l'exigence de la raison qui voudrait savoir où l'on va. Faut-il choisir ? Pas nécessairement. On peut avancer trois éléments de réponse. D'abord, il y a la confiance en Celui qui sait : n'est-ce pas Lui qui nous donne à vivre ce qu'il nous est demandé de vivre, ni plus ni moins ? Ensuite, il est bon de se souvenir de la prière de Jésus : « Je Te prie pour ceux que Tu m'as donnés » (Jn 17,9) – pour ceux qui m'étaient destinés, pour ceux que Tu as mis sur ma route, et non pour tous les lépreux de Palestine, par exemple ! Enfin, la compassion va avec l'accueil de nos limites spatio-temporelles, elle nous fait toucher à l'Absolu qui fait irruption dans l'extrême relativité de notre *hic et nunc* le plus personnel. Selon Jean Vanier, dans la compassion, je ne suis plus esclave du passé et je ne me projette pas dans l'avenir ; je suis totalement présent à l'autre dans l'instant pré-

---

29. Xavier Emmanuelli, *Prélude à la symphonie du nouveau monde*, Paris, Éd. Odile Jacob, 1997, p. 102 et 104 s. Deux mois plus tard, Daniel Pavard mourait d'un accident de moto en allant au camp.

sent : il y a dans la compassion un *toucher d'éternité*[30].

Ce qui est vécu n'a pas à être quantifié, n'est pas répétable à volonté. Il n'est demandé à personne d'être canal de la Compassion en permanence : Jésus lui-même a été « ému aux entrailles » en des occasions très précises. Mais il suffit d'une fois pour que l'ouverture à la compassion oriente désormais toute l'existence : on a accédé à un *mode d'être* privilégié qui incite à poser au quotidien des gestes de compassion. Et on s'aperçoit alors du pouvoir guérissant de tels gestes... comme si on n'y était pour rien : « *Cela* passe à travers soi ! » Certains auteurs considèrent que le pouvoir de guérison de Jésus venait tout droit de sa compassion : pour Pierre Grelot, plusieurs textes « laissent entendre que les miracles de Jésus sont provoqués par sa compassion envers les souffrants[31] ». Et Henri Nouwen affirme que « Jésus ressentait si profondément la souffrance [...] qu'il engendrait les gens à une vie nouvelle. Il était touché et de ce mouvement intérieur et divin jaillissaient la guérison, la transformation[32] ».

---

30. Cf. Jean Vanier, *Je rencontre Jésus*, Québec, Éd. Anne Sigier, 1980.

31. Pierre Grelot, « Le vocabulaire biblique de la compassion », *La Vie spirituelle*, n° 728, 1998, p. 429. Cf. Mt 17,15 ; 20,30 ; Lc 17,13 ; Mc 10,47 s. ; 9,22 ; 5,19.

32. Henri Nouwen, « Réflexions sur la compassion », *Vie consacrée*, n° 2, 1983, p. 102.

On n'appréhende plus l'inconnu dans lequel peut entraîner l'expérience de la compassion dès lors qu'on renonce à sauver les autres[33]. Si salut il y a, et guérison ou apaisement, il ne peut en définitive venir que d'en Haut : telle n'est pas la vocation adressée aux humains. « Notre vocation essentielle », continue Henri Nouwen, c'est d'« être avec les gens là où ils souffrent [...]. Ce n'est pas guérir mais prendre soin qui est [...] notre première vocation[34]. » N'est-ce pas en répondant à sa vocation propre que Jésus a éveillé ses proches à la leur, sans avoir à leur *enseigner* la compassion ? Or, dans les évangiles comme dans notre expérience, on voit combien peut fructifier ce que Henri Nouwen appelle un « ministère de la présence ». Notre simple présence auprès d'autrui souffrant, dans un partage indicible de l'impuissance, peut devenir source étonnante de guérison : « Lorsque nous quittons l'autre, la compassion de Dieu, qui est bien plus grande que la nôtre, devient manifeste [...]. À nous de révéler Sa compassion par notre présence, mais aussi par notre absence parce que, lorsque nous quittons l'autre, nous reconnaissons que nous sommes humains et que Dieu seul est Dieu[35]. »

---

33. Cf. Xavier Emmanuelli, *op. cit.*, p. 111 : « La compassion n'est pas un geste de sauveteur ».
34. Henri Nouwen, *op. cit.*, p. 102.
35. *Ibid.*, p. 105 s.

Si accéder à la compassion, c'est accéder à son moi profond au moins autant qu'à celui d'autrui, on comprend que selon l'évangile de Jean les paroles et les gestes de Jésus quelques heures avant sa Passion aient été empreints d'une compassion indissociable de la « joie parfaite, accomplie ». Dans ce temps hors du temps que toute peur a déserté, alors que le moment de l'arrestation approche – prélude à sa mort sous la torture –, Jésus parle de la joie paradoxale qui le traverse ; or, il en parle en même temps qu'il se soucie de l'avenir de ses proches après sa mort. Paroles de compassion qui disent le mystère peut-être le plus fondamental de l'humain, sa « capacité d'inquiétude pour la vie d'autrui », sa « fondation dans une mystérieuse non-indifférence constitutive », selon les mots de Bruno Cadoré[36]. Et ne suffit-il pas d'une fois où nous expérimentons, grâce à la compassion d'autrui, la présence de Dieu à nos côtés – « souffrant une passion d'amour », comme disait Origène – pour commencer à abandonner le Dieu impassible qui ôtait tout sens à notre existence ?

---

36. Bruno Cadoré, « De la compassion à l'action : une éthique pour l'alliance », *La Vie spirituelle*, n° 728, 1998, p. 450 et 453.

Cris et silences généreux
La compassion chez Miguel de Unamuno

Carmen Burkhalter

Tous les jours, en gardant les oreilles et les yeux bien ouverts sur le monde, nous pourrions écouter des récits et des témoignages humains susceptibles de nous émouvoir et d'éveiller en nous des sentiments de compassion. Pour peu que l'on s'arrête un instant pour se mettre à l'écoute des autres, on découvre des histoires, des événements qui, pour une raison ou une autre, font naître des élans de sympathie, d'amitié et de solidarité. On dirait que le monde et le temps sont remplis de confidences déjà déposées et de secrets qui peinent à se dire. Parmi tous les récits que nous écoutons et par lesquels nous pouvons être touchés, il y a aussi des histoires fictives, des personnages de romans pris dans les dédales d'une intrigue, des figures littéraires sorties de l'imagination de leur auteur mais qui nous ressemblent parfois étrangement. Ainsi, c'est une narration qui m'est revenue à la mémoire, des lignes nées de la plume de Miguel de Unamuno (Bilbao, 29 septembre 1864 – Salamanque 31 décembre 1936), écrivain et philosophe espagnol, pour qui le genre littéraire du roman représentait la forme la plus intime et vraie pour exprimer la vie, ses mystères et ses questions.

Le roman s'intitule *San Manuel Bueno, mártir*[1]. Présenter en quelques lignes sa trame et son contenu permettra de dégager quelques traits de ses figures principales. En prenant un peu de recul, il s'agira ensuite de voir de quelle manière Miguel de Unamuno s'exprime au sujet de la compassion et de ses liens avec l'amour, l'espérance et la douleur. C'est dans son essai intitulé *Le Sentiment tragique de la vie* que l'auteur s'est penché sur la question de l'origine de ces sentiments. Enfin, comment la réflexion philosophique a-t-elle pris corps et trouvé une épaisseur dans les figures narratives et le jeu qu'elles entretiennent entre elles ? De cette rencontre naîtront des nuances, des paradoxes et des reflets divers

---

1. C'est dans la langue originale que j'ai lu le roman et l'essai : Miguel de Unamuno, *San Manuel Bueno, mártir y tres historias más*, Espasa Calpe, 4ᵉ éd., Madrid, 1956 ; Miguel de Unamuno, *Del sentimiento trágico de la vida*, Espasa Calpe, 9ᵉ éd., Madrid, 1999. Le lecteur pourra consulter en traduction française : Miguel de Unamuno, *Saint Manuel Bueno, martyr, et trois histoires en plus*, éd. et trad. par Yves Roullière, Monaco/[Paris], Éd. du Rocher, 2003 ; Miguel de Unamuno, *Le Sentiment tragique de la vie*, trad. par Marcel Faure-Beaulieu, Paris, Gallimard, 1997. L'essai fut publié pour la première fois en 1912 et le roman en 1933.

dans l'approche et la compréhension du sentiment de la compassion.

Venons-en à présent au roman.

San Manuel Bueno, mártir

Elle s'appelle Angela Carballino et vit dans un petit village du nom de Valverde de Lucerna. Le temps a passé depuis la mort de Don Manuel, le curé du village, et Angela Carballino se souvient de cet homme dont elle se remémore les paroles, qu'elle prend grand soin de laisser par écrit. Comme si elle s'était mise à rédiger un évangile, Angela Carballino revient en arrière fouiller dans sa propre mémoire et interroger celle de ceux qui auraient connu Don Manuel et s'en souviendraient encore. Elle se rappelle, elle écoute et elle écrit. Ainsi, de fil en aiguille, s'emboîtent les anecdotes qui reflètent la personnalité de Don Manuel, affectueuse, attentive et serviable ; apprécié de tous dans sa paroisse, Don Manuel baignait dans la vie des siens, prompt à se soucier du vêtement des plus pauvres ou à jouer d'un instrument lors des fêtes du village. Faire le bonheur des habitants de Valverde de Lucerna, faire en sorte qu'ils fussent contents de la vie qui leur avait été donnée, semblait être le fil rouge de l'existence de Don Manuel et de sa manière propre d'exercer et de vivre son ministère. Une présence forte qui n'avait laissé personne indifférent et dont Angela Carballino déposait une à une quelques traces.

Des empreintes lumineuses mais aussi des zones d'ombre. Ainsi, au cours de la narration, laissait-elle poindre quelques confidences de Don Manuel, à peine partagées et ignorées de la plupart. Derrière l'engagement et le dévouement qui le caractérisaient, se cachait un secret à peine livré et dévoilé. Derrière sa passion pour les causes des uns et des autres, se terraient une tristesse et un déchirement dont très peu avaient été témoins. Un secret lourd à porter quand on est prêtre, quand on cherche à consoler les autres sans avoir soi-même de consolation ; quand on se sent incapable de prononcer le Credo jusqu'au bout car la promesse d'une vie éternelle est impossible à croire ; quand on doute de la vie et que l'on désespère du sens qu'elle pourrait peut-être avoir ; quand la peur du néant est trop forte et qu'avoir vécu ne tient que de l'illusion et de rien d'autre. Le secret de Don Manuel ressemble au cri du père d'un enfant malade, dans l'Évangile : « Je crois ! Viens au secours de mon manque de foi ![2] » Don Manuel confie dans les larmes son drame intime, et seuls Angela et son frère Lázaro, l'anticlérical, percevront le mystère de leur abbé. Don Manuel devient de plus en plus faible et les forces commencent à le quitter. Il meurt pendant la célébra-

---

2. Mc 9,24 (traduction TOB).

tion de la messe, non sans avoir adressé ses dernières paroles à ses deux amis confidents. Derniers soupirs qui résument le secret de Don Manuel et sa tristesse intime : que les gens du village rêvent leur vie d'ici-bas et osent la rêver dans l'espérance d'un au-delà ; qu'ils arrivent à croire – ce que lui-même, de son vivant, n'avait jamais pu.

La figure de Don Manuel

De l'aveu même de Miguel de Unamuno en fin de récit, il ne se passe pas vraiment grand-chose dans cette histoire. Mais le roman reste dépositaire des traces de la vie des hommes, témoignage de relations de confiance et de foi, de désespoir et d'angoisse, de complicités partagées et de moments de solitude. À travers l'histoire de Don Manuel, Miguel de Unamuno donne au lecteur une compréhension des évangiles. Comme c'est le cas pour ces textes du Nouveau Testament, c'est rétrospectivement que l'on reprend, que l'on se souvient, que l'on fait vivre des personnages et des relations, à la manière d'une intrigue humaine et non d'une chronique quelconque ou d'un assemblage de faits et d'informations. La figure de Don Manuel présente des traits christologiques et les scènes racontées le long des pages évoquent des parallélismes certains avec les évangiles. Miguel de Unamuno décrit, à travers les souvenirs d'Angela

Carballino, ce que la figure du Christ peut devenir dans un petit village comme celui de Valverde de Lucerna. Dans un mouvement semblable à celui des évangiles, la fin du récit témoigne de l'effet que la présence de Don Manuel a eu chez ceux qui l'ont connu : l'homme qui désespérait d'un sens ultime à la vie avait laissé une rage de vivre à l'image de son dévouement et de sa disponibilité pour les autres. Dans l'après-coup des souvenirs, il apparaît également comme l'homme des renversements : le confesseur qu'il était devient celui qui a besoin de s'épancher et de déposer dans une oreille humaine ses craintes et l'aveu de son manque de foi ; en l'occurrence, c'est à l'auteur de ces mémoires qu'il demande l'absolution et des paroles de consolation. De même, l'anticlérical Lázaro se prend à douter de lui-même et de sa propre incroyance ; la confession de Don Manuel et sa difficulté à croire vraiment amènent Lázaro à changer et à marcher sur le chemin d'une conversion qui s'opère peu à peu. Sans le savoir, Don Manuel a laissé un témoignage ouvert sur la foi et sur ses paradoxes, au nom de sa vérité, au nom d'une sincérité sans complaisance vis-à-vis de lui-même : à l'envers d'un soi-disant bon sens, le désespoir de ne pas pouvoir croire avait suscité chez quelqu'un d'autre une espérance et la foi.

La figure de Don Manuel reste profondément incarnée et humaine, et c'est à un « Christ de cette terre » qu'il est comparé, aux côtés de celui qui se trouve déjà ailleurs. Un Christ pour le petit village de Valverde de Lucerna, à qui la mémoire humaine avait finalement attribué la sainteté. Mais Don Manuel, devenu *San Manuel* dans le souvenir, incarne plutôt le Christ de Gethsémané, l'homme qui prie pour échapper à l'épreuve, l'homme qui se sent abandonné au moment de la croix. Enfin, comme nous l'avons déjà dit, c'est à ses deux amis confidents qu'il ose dire son drame secret et son impossibilité à croire.

Mais la souffrance de cet homme qui veut croire et n'y arrive pas s'exprime encore autrement le long du récit, à la manière d'un rappel, peut-être aussi comme une litanie.

Une figure en écho : « Blasillo, el Bobo »

Ce n'est qu'à présent que l'on mentionnera ce personnage du récit qui fait figure d'écho et de reflet. On ne sait pas grand-chose de Blasillo, sinon qu'il est l'idiot du village et qu'il porte un surnom[3] qui évoque sans équivoque sa bêtise et son manque d'esprit. Don Manuel affectionne particulièrement Blasillo qui ne sait pas dire autre chose que ce qu'il a entendu une fois lors d'une messe de Vendredi saint : « Mon Dieu, mon Dieu, pourquoi m'as-tu abandonné[4] ? » Le lecteur ignore tout de Blasillo ; il ne peut que constater que son

---

3. « Bobo » signifie niais, idiot.
4. Mc 15,34 (traduction TOB).

cri s'entend dans le village au moment où Don Manuel est au plus mal, lorsqu'il ose enfin se confier à ses amis et leur dire son désespoir d'incroyant. À la manière d'un écho, Blasillo crie à tue-tête ce que Don Manuel n'arrive pas à dire. Alors que Don Manuel est sur le point de mourir, c'est Blasillo qui le pleure le plus et qui meurt, à son tour, quelques instants après. Don Manuel épouse des traits qui évoquent la personne du Christ. Mais pour désigner l'abandon, c'est à un idiot que reviennent les paroles de la croix.

Être amenée à écrire quelques lignes sur la compassion a réveillé en moi le souvenir de l'histoire de Don Manuel et de Blasillo, sa figure en écho. À travers paroles, dires et anecdotes, le récit est traversé par des thèmes chers à Miguel de Unamuno, ceux-là mêmes qui font le cœur de son essai majeur, *Le Sentiment tragique de la vie* que j'aborderai maintenant en quelques mots.

Le sentiment tragique de la vie

Toucher le fond

Les réflexions de Miguel de Unamuno sur l'origine de la compassion suivent le même mouvement que l'ensemble de son traité sur le sentiment tragique de la vie. On peut dire que la forme et le fond sont liés et que les cheminements sont semblables. En effet, pour pouvoir évoquer l'amour, la foi et la compassion, Miguel de Unamuno a d'abord dû traverser les grands débats entre la foi et la raison, les efforts vains et improductifs de cette dernière pour se prononcer sur des questions existentielles, comme la destinée finale de toute vie, l'espérance en un au-delà plus fort que la mort ou la confiance en l'immortalité. Il est nécessaire de descendre au fond de soi, de se regarder bien en face, de sentir le désespoir devant des questions que la raison humaine n'arrive pas à résoudre ; il faut passer par l'aveu des limites de la raison elle-même quand elle s'occupe de problèmes qui ne sont plus les siens. Miguel de Unamuno entreprend cette descente vers l'angoisse, vers la douleur spirituelle si profondément liée au désir de ne point mourir ; il chemine vers ce lieu où l'on éprouve la faim et le besoin de Dieu, au point d'évoquer ces instants comme de véritables étouffements. Il faut passer par le doute fondamental, qui consiste à se demander si nous survivrons ou non dans une mémoire, si la conscience que l'homme a de lui-même s'éteindra un jour à jamais ou au contraire continuera à exister comme conscience, mais surtout comme conscience vivante.

Miguel de Unamuno touche ce qu'il appelle le « fond de l'abîme », comme un passage obligé qui lui permettra alors d'aller un peu plus loin. Le drame intime au cœur des hommes se joue entre deux contraires, la raison d'une part, qui tombe dans le scepticisme quand elle est honnête avec elle-même et veut bien rester dans ses limites ; les sentiments d'autre part, qui désespèrent de ne point trouver de sérénité ni de consolation. Pour Miguel de Unamuno, ce n'est qu'au prix de cette contradiction intime, quand l'homme ose regarder en face ses propres déchirements, quand il ne cherche plus à se fuir lui-même ni à se donner d'illusoires apaisements, que peuvent naître alors un réconfort, un abandon confiant et une forme de lâcher-prise. C'est du cœur du conflit que peut surgir une sérénité et c'est sur fond, finalement, d'incertitude que paradoxalement peut émerger un apaisement. Dans ce sens, l'incertitude devient réconfort et consolation ; elle fonde une espérance, elle devient solidarité et ouverture aux autres. Elle permet enfin de continuer d'écrire, de laisser tomber tous les débats sur les échecs et les limites de la raison ; elle permet de passer à la foi, à l'espérance et à la charité.

C'est dans cet élan que Miguel de Unamuno écrit ses lignes sur la compassion. Comme nous l'avons déjà dit, les mouvements – entre la forme et le fond – sont semblables. Les réflexions sur le sentiment de compassion suivent ainsi, elles aussi, ce détour même que nous venons d'évoquer.

Vers une même douleur
Seul celui qui descend au fond de lui-même, qui regarde sans masque sa petitesse, sa vulnérabi-

lité et sa limite peut éprouver une véritable compassion. Seul celui qui a pris réellement conscience de sa propre finitude, de l'angoisse de se savoir inscrit dans un temps fini et limité, peut s'ouvrir à l'amour, à la compassion et à la charité. Mais c'est une *douleur* qui se trouve à l'origine de cette ouverture ; c'est une douleur qui ouvre le chemin de la conscience de soi et de la finitude. C'est une douleur qui ouvre le consentement à soi-même, qui permet d'accepter les conflits et les contradictions, qui ouvre une brèche à l'espérance et à la foi. C'est par soi-même que l'on commence, sans fards ni faux-fuyants. Ici aussi, c'est le prix à payer pour une véritable compassion à l'égard des autres. Ce n'est que de ce dialogue vrai avec soi que l'on peut voir en l'autre un même humain qui souffre, un même humain pris dans les dédales des mêmes questions, un même humain saisi dans les limites du temps et de sa condition. La compassion naît alors de la reconnaissance de ce que Miguel de Unamuno appelle la « douleur commune », la douleur d'être né et celle de devoir un jour s'en aller, sans destination certaine, sans conscience garantie. Si l'on commence à consentir à soi-même, le consentement aux êtres et aux choses devient possible, la compassion devient active, l'amour se décline en actes et en solidarités.

Enfin, de quelle manière ces réflexions sur la compassion ont-elles pris corps et forme dans le roman présenté plus haut ?

Les nuances de la compassion

L'existence racontée de Don Manuel a révélé une forme d'abîme dans lequel un être humain peut se voir, un jour ou l'autre, entraîné. Allant jusqu'au bout de sa franchise, Don Manuel ne peut voir que son ardent désir de croire et son incapacité à s'abandonner. Sa compassion et son amour à l'égard des autres tirent leur origine d'une douleur, et qui plus est, d'une douleur secrète. Il garde pour lui le « fond de son abîme », témoignant par là même d'une compassion fine qui se soucie de ne pas briser les certitudes des autres, encore moins de froisser la joie de vivre ni tout élan qui pousse à rêver l'existence dans l'espérance d'un ailleurs.

Quant à Blasillo, porte-parole d'un désespoir, il est le seul à nommer ouvertement l'abandon, étrange figure qui renvoie au Dieu dont les hommes peuvent éprouver si tragiquement le manque. L'idiot de Valverde de Lucerna révèle le Dieu de Miguel de Unamuno, celui des petits et des humbles qui vivent une même douleur et partagent une même soif de croire en Lui.

Par qui le lecteur sera-t-il saisi ? Sera-t-il touché par une figure qui le renvoie à ses propres doutes ou par un idiot de village qui prononce des paroles essentielles ? Les lieux abandonnés de notre monde pourront-ils devenir, aux yeux du lecteur, la petite place incongrue et surprenante d'une présence divine ? Une histoire est venue nous rappeler les teintes nuancées de la compassion. Tantôt cri, tantôt discrétion. Quand, par amour pour les autres, on prie les mots qu'ils n'arrivent pas à dire. Quand, par amour pour les autres, on arrive à taire sa propre douleur. Quand la solidarité envers eux devient tantôt « parole », tantôt le fruit d'une pudeur généreuse.

La compassion
dans la tradition hébraïque

Marc Raphaël Guedj

Lytta Basset : Qu'est-ce que le Talmud ? Quand a-t-il été écrit ?

Marc Raphaël Guedj : C'est l'ensemble de deux ouvrages : la *Michna*, écrite au IIe siècle après J.-C. et la *Guemara*, écrite plus tard, au Ve siècle. Mais c'est là l'écriture d'une loi orale qui en réalité se transmettait depuis plusieurs siècles. On peut dire que le Talmud est la juridiction qui cherche dans la Bible l'origine des lois en vigueur dans le judaïsme. Toutefois, je préfère ne pas me cantonner au Talmud et parler ci-après de la « tradition hébraïque ».

L.B. : La recommandation « œil pour œil, dent pour dent » qu'on trouve en Ex 21,24, Lv 24,20 et Dt 19,21 a-t-elle toujours été comprise de manière littérale ? Ou symbolique – donner à la personne lésée une compensation de valeur équivalente ?

M.R.G. : Ma réponse va s'inspirer d'un texte que j'ai jadis publié sous le titre « Argent et violence dans la loi du talion[1] ».

En fait, la législation de la loi orale qui est coexistante à la Révélation (Torah) a toujours parlé dans le sens d'une *évaluation* du mal commis, de la violence imposée ; elle a toujours récusé l'application littérale du talion dans une stricte symétrie. En fait, tout se passe comme s'il était écrit « œil *selon* œil ». Quel sens donner alors à ce verset « œil pour œil » qui se trouve dans la Torah ?

Avec Maïmonide au XIIe siècle, Nahmanide au XIIIe siècle, Rabbi Yaacov Mecklenburg au XIXe siècle et la majorité des exégètes, je préfère prendre le texte de la Torah tel qu'il est (« œil pour œil ») et en assumer la violence. Nous verrons pourquoi, mais c'est un fait qu'il n'y a pas d'identité entre les êtres. La *Guemara* le dit bien, sous forme imagée : « Si mon œil est grand et que le tien est petit, comment appliquerons-nous le talion[2] ? » Or, c'est l'*interprétation talmudique* qui a toujours eu force de loi dans la tradition juive. Ainsi, selon le code législatif *Yad Ha'hazaka* de Maïmonide, les tribu-

---

1. Marc Raphaël Guedj, « Argent et violence dans la loi du talion », *in L'Argent*, 28e colloque des intellectuels juifs de langue française, Paris, Denoël, 1989, p. 41-47.
2. *Ibid.*, p. 43.

naux ont toujours statué dans le sens du paiement ou de la réparation compensatoire.

L.B. : À votre avis, Jésus a-t-il largement puisé son enseignement dans sa propre tradition juive – le renoncement à la stricte équivalence offense-réparation, l'appel à la générosité adressé à la victime, la compassion pour l'offenseur incapable de réparer le tort commis ?

M.R.G. : Oui, tout cela a préexisté aux évangiles : incontestablement, Jésus a grandi là-dedans. Le Talmud offre une structure juridique selon laquelle les tribunaux peuvent obliger l'agresseur à payer. Il se présente aussi comme un modèle susceptible de nous faire entrevoir la place de la compassion *au cœur même de la Loi* : le paiement est déjà un paiement compassionnel. En effet, la Torah n'aurait pas énoncé la loi du talion si elle n'avait *aucun* champ d'application possible ! En fait, « elle prend acte du cri de violence absolue de la personne blessée [...] : *Ton œil contre mon œil !* » Ou plutôt, ton œil *au-dessous* ou *en deçà* de mon œil, « car pour la victime, aucun œil ne peut atteindre la valeur de son œil perdu[3] ». Ici, le texte se fait l'écho de la violence de la victime, de son besoin de vengeance.

La Loi se propose alors de gérer l'agressivité de

---
3. *Ibid.*

la victime, de la « prendre en charge pour l'atténuer à l'infini[4] ». De quelle manière ? Le Talmud propose un dédommagement financier[5]. Mais l'argent lui-même n'est-il pas violent en ce qu'il dépersonnalise la victime ? Pas dans ce cas, car le paiement variera d'une personne à l'autre en fonction de *sa* créativité blessée qui est unique, en fonction de *sa* souffrance physique propre, en fonction de *son* dommage moral non interchangeable : le paiement va respecter l'altérité, rompre le lien maudit agresseur-agressé en les tenant à distance l'un de l'autre et garantir l'intégrité de chacun[6].

L.B. : Existe-t-il des exemples où la victime efface toute l'ardoise, sans compensation aucune ?

M.R.G. : Dans la tradition hébraïque, on prononce tous les soirs cette prière : « Je pardonne à toute personne qui m'a mis-e en colère, qui a touché à mon intégrité corporelle, qui s'est emparée de mon argent, etc. », mais je considère qu'il y a une *sagesse* à ne pas tout de suite *tendre l'autre*

---

4. *Ibid.*, p. 44.
5. Cf. la première Michna du traité *Baba Kama* du Talmud de Babylone.
6. Cf. une racine identique pour « payer » (*leshalem*) et « intégrité » (*shlemout*) – et la paix/santé/accomplissement (*shalom*).

joue[7] : dans la bouche de Jésus, c'est l'invitation à entrer dans l'ère messianique ; mais dans ce monde tel qu'il est, il est très sage d'inviter la victime à faire entendre son cri de souffrance et sa violence, à attendre que l'autre fasse un pas vers elle. Il est essentiel que sa souffrance soit reconnue, donc que son *être* soit reconnu. C'est ce que concrétise le paiement compensatoire, qui est *déjà* un acte compassionnel.

Le terrain étant ainsi préparé, la relation intersubjective devient à nouveau possible : « Maïmonide, à la suite de la *Michna*, précise que le cheminement amorcé n'est pas clos après la compensation pécuniaire, mais il doit mener au dialogue tendu vers une réconciliation jamais pleinement réalisée[8]. »

La voie est dégagée. Pour s'ouvrir à la compassion, pour parvenir à un geste de charité vraiment accomplie – celle où l'ego est complètement transcendé – il faut véritablement être inspiré par le Souffle saint, être présent à la Présence au-dedans de soi, et cela se peut grâce à la prière. C'est pourquoi « le droit civil se prolonge, d'après la tradition michnaïque, en exigence d'une prière de l'agressé en faveur de l'agresseur. Tout se passe comme si la prière réduisait à l'infini le résidu de violence présent dans la conscience agressée ». Au

---

7. Cf. Mt 5,38 s.
8. Marc Raphaël Guedj, *op. cit.*, p. 45.

bout de l'itinéraire obligé qui est parti de la violence absolue, le dialogue peut « culminer dans une parole ouverte vers la transcendance, la prière [...]. À l'infini du cri répond l'infini de la prière avec, comme horizon de sens, la réduction de la violence[9] ».

L.B. : Dans la tradition hébraïque, la compassion est-elle considérée comme un don divin, gratuit et imprévisible, ou comme le fruit d'une discipline personnelle, ou les deux ?

M.R.G. : Dans son commentaire sur Ex 2,11[10], Rachi, exégète du Xe siècle, traduit de manière littérale : « Moïse mit ses yeux *sur* eux » ; en orientant son regard et son cœur *sur* eux pour souffrir de leur souffrance, il maintenait la distance entre eux et lui, sans qu'il y ait confusion. C'est tout un travail personnel. Mais dans le traité du Talmud *Suka* (49b), là où il est question d'un acte de charité pleinement réalisé, on spécifie que n'importe qui peut y parvenir, tout en concluant : « Combien Ta grâce est chérie/grande, ô Éternel ! » Ainsi, la charité en acte, la grâce que l'humain fait à autrui, s'enracine dans la grâce de Dieu. Si

---

9. *Ibid.*, p. 46 s.
10. Ex 2,11 : « En ces jours-là, Moïse, qui avait grandi, sortit vers ses frères et vit ce qu'étaient leurs corvées. Il vit un Égyptien frapper un Hébreu, un de ses frères ».

l'effort est en amont, la réalisation, néanmoins, est de Dieu. En d'autres termes, vivre par la compassion, être travaillé ou remué par elle, est une grâce. Il nous faut travailler, étudier, etc., mais la compassion *apparaît* toujours comme quelque chose d'imprévisible. Il demeure que sans effort, cela n'arrivera pas. Mais ce n'est jamais automatique : cela ne nous dispense pas de l'effort. Cela dit, nous ne pouvons en parler que de notre point de vue humain, existentiel.

L.B. : Comment s'articulent dans la tradition hébraïque ces deux attributs divins essentiels que sont la justice et la compassion ?

M.R.G. : On a souvent l'impression que le judaïsme a mis en avant la Loi, la justice, la rigueur, l'attitude qui consiste à prendre les Écritures à la lettre. C'est vrai et c'est faux. Pour Léon Ashkenazi, l'axe éthique du judaïsme, c'est l'exigence de justice en harmonie avec la charité : c'est se libérer de l'idolâtrie, c'est-à-dire de l'absolutisation des valeurs. Car si j'érige *une* valeur en absolu, j'élimine tout ce qui n'est pas elle ainsi que ceux qui adhèrent à d'autres valeurs. C'est pourquoi le judaïsme ne prône jamais la justice absolue : si je suis absolument juste, je me dois d'être cruel. Mais il ne prône pas non plus la charité absolue : si je ne suis que charité, je risque de devenir pervers, j'en arrive, comme dans l'affaire Touvier, à cacher un criminel traqué au nom de la charité !

Dans les textes de la kabbale, on a d'un côté de l'arbre séphirotique[11] la rigueur, la structure, la Loi (*din* ou *gvoura*), de l'autre côté la charité, la compassion (*hessed*), et entre les deux la « Splendeur » (*tipheret*), c'est-à-dire la Vérité qui rayonne parce qu'elle englobe les contraires. Ces deux valeurs apparemment opposées ont une seule racine. Une question se pose alors dans les textes sur la Création, en particulier le *Zohar* : en vue de quoi Dieu a-t-Il créé l'être humain ? Réponse : Il a voulu transmettre à une créature sa Lumière pour qu'elle en jouisse. Mais alors, pourquoi ne pas donner sa Lumière directement aux âmes éthérées, sans qu'il soit nécessaire de passer par cette terre, avec ses lois et ses épreuves ? Le *Zohar* répond : être ainsi d'emblée, cela reviendrait à s'asseoir à la table d'un hôte alors qu'on ne mérite pas d'y être. Vivre, c'est passer par cette rigueur pour accéder à la charité et ainsi, se tenir à la source de son propre bonheur.

Le Talmud précise qu'avant la Loi, il y avait une charité gratuite, mais qu'après, il fallut mériter son être au monde. Y aurait-il un amenuisement de la charité ? Non, répond le Talmud, c'est un approfondissement de la charité. La Loi est une des modalités de la charité elle-même : il n'y a pas

---

11. C'est le schéma représentant les dix puissances (ou émanations) divines dans la kabbale (ou mystique juive).

de charité sans Loi. Dans notre mise en pratique, nous nous heurtons à des contradictions, mais au niveau du projet créateur, charité et Loi naissent d'une même source. Notre travail d'humains consiste à réconcilier les valeurs, à les harmoniser. C'est cela, le monothéisme : parvenir à cette unité des valeurs qui nous oriente vers le Dieu Un.

Dans l'expérience de la compassion, je souffre de ta souffrance que j'ai soupesée : il n'y a pas seulement un élément émotionnel là-dedans ; il y a un travail, une écoute qui sont de l'ordre du jugement, de l'appréciation, donc de l'intelligence ; quand on « pose ses yeux sur... », on le fait aussi avec son intelligence. Ainsi, la compassion elle-même est une corde où s'entremêlent les fils de la justice et ceux de la charité. Si l'amour-charité est un simple élan vers l'autre, la compassion, elle, mobilise également l'intelligence attentive à la justice.

En définitive, ce qui me paraît essentiel dans la tradition talmudique et kabbalistique, c'est le souci permanent de mettre en harmonie des valeurs opposées. Peut-être la compassion se tient-elle sur la *crête* entre les deux versants de la justice et de la charité ; car en elle il y a aussi un élément de justice. C'est rendre justice à quelqu'un que d'avoir de la compassion pour lui !

L.B. : Qu'est-ce qui, selon le Talmud, peut faire obstacle à la compassion ?

M.R.G. : Sans doute *l'instinct religieux* – vouloir être dans la pureté, refuser de se salir les mains dans les relations avec le monde ! Un passage du Talmud met en scène quelqu'un qui se drape de son *talit*[12] si vigoureusement et ostensiblement qu'il ne voit pas autrui, que son geste aveugle au passage. Dans un autre exemple, un homme qui voit une femme se noyer ne va pas à son secours de peur de se trouver séduit. Dans l'instinct religieux, affirme l'un de nos maîtres, il n'y a pas de place pour Dieu, car il n'y a pas de place pour l'autre ! Rav Wolbe (un Juif allemand contemporain) racontait une petite parabole : quelqu'un était enfermé depuis toujours dans une cellule close ; un jour, une fenêtre s'ouvrit et il fut émerveillé d'embrasser *d'un seul coup d'œil le ciel et la terre*. C'est que nous sommes incapables de rencontrer l'Autre (le ciel) et l'autre (la terre) tant que nous ne sortons pas de nous-mêmes. Ce qui fait obstacle, c'est notre propre clôture.

Dans le passage du traité *Suka* que je citais, il est fait référence à un verset de psaume : « La charité/générosité de Dieu est de toute éternité sur ceux qui Le craignent » (103,17). Elle ne s'expérimente que si l'on cultive cette crainte révérencielle qui nous fait précisément sortir de notre ego. Mais c'est dans les deux sens : la compassion – ou l'acte

---

12. Ample châle de prière.

de la charité accomplie – nous ouvre à la Présence en nous faisant expérimenter la crainte révérencielle. La charité nous conduit à la révérence de la Présence… et inversement, la révérence de la Présence nous ouvre les portes de la charité. Il ne s'agit donc pas de nous perdre nous-mêmes dans une ouverture compassionnelle aux autres tous azimuts au risque de nous fermer alors au Divin ! Quiconque est imprégné de générosité/charité envers autrui à l'évidence révère la Présence. Et quiconque révère authentiquement la Présence plutôt que d'obéir à l'instinct religieux s'ouvre à la compassion. Ainsi, l'incapacité de « voir » l'autre est d'ordre éthique et les difficultés à croire (en l'Autre) ont peut-être une racine éthique !

L.B. : En définitive, qu'est-ce que la compassion pour vous aujourd'hui ?

M.R.G. : À la racine, c'est être traversé par la sensibilité que j'ai de la singularité d'autrui. Devenir consciemment un sujet singulier, c'est une démarche spirituelle : c'est accéder à la dimension invisible de mon être, au secret de ma subjectivité. Alors, je deviens sensible à ce qui en l'autre est invisible, au secret de sa subjectivité, à son chemin, à son projet… et je lui tends la main. Quand je trouve en moi ce cheminement, je ne peux pas ne pas tomber amoureux de l'humanité. Et quand cet homme, cette femme est dans la souffrance, je ne peux pas ne pas partager sa souffrance. Ainsi, la compassion ne *commence* pas quand il y a souffrance. Elle est en amont. Je ne peux pas être sensible à la souffrance d'autrui si je ne suis pas sensible à cette *lumière singulière* qui le traverse.

Nous parlions de l'ego tout à l'heure : je crois qu'au lieu de le casser, il faut le *traverser*. Non pas le nier mais aller au fond de son être, du sujet que l'on est. C'est grâce à cela qu'on vainc les résistances et qu'on va dans la compassion. Quand je découvre le chemin irremplaçable qui est le mien, je m'ouvre à celui d'autrui : je suis *aussi* touché par la difficulté qu'il a à jouer sa propre partition.

Dans la visée éducative du Talmud, on retrouve ce souci. Le texte biblique ne nous donne nulle part une *mitzva*[13] du style : « Tu éduqueras ton enfant ainsi ! Tu lui enseigneras tel comportement ! » Mais il est dit dans le Deutéronome : « Étudie avec ton enfant. Prononce telle parole avec lui, au coucher et au lever. » Avant de faire *shabbat*, on lui explique ce que c'est. Les valeurs ne lui sont pas inculquées dans la contrainte. Dans cette manière d'étudier avec ses parents, qui respecte les méandres de sa singularité et qui lui permet de développer une résonance affective intérieure, il va peu à peu trouver son cheminement personnel. Ainsi, dans la transmission des

---

13. Un commandement divin.

valeurs, on commence par la compassion – la compassion pour la singularité de l'enfant en éveil.

L.B. : La tradition hébraïque a-t-elle développé la notion d'un Dieu qui souffre de la souffrance des humains ?

M.R.G. : Oui, beaucoup dans le courant du hassidisme[14].

L.B. : Ne trouve-t-on pas sous la plume d'Elie Wiesel des pages lumineuses sur la compassion hassidique, qui semblent en profonde harmonie avec ce que vous disiez de l'ouverture humaine à la fois au « ciel » et à la « terre » ? Par exemple, « aider une femme abandonnée et malade est plus important que monter au ciel par la prière ». Ou « le Tzaddik (le Juste) ne doit pas nécessairement se retrancher dans le Talmud, le Zohar ou le Livre des prières ; il peut, il doit parfois quitter son foyer, ses études et ses habitudes pour aller dans une forêt, couper du bois, allumer le feu dans le taudis d'une vieille femme, et s'approcher du

---

14. Le hassidisme est un mouvement populaire de renouveau spirituel fondé au XVIIIe siècle en Podolie (une partie de l'actuelle Ukraine) par Israël ben Eliézer Baal Chem Tov, généralement connu sous son acronyme de « Becht » (cf. art. « Hassidisme » et art. « Piété », *Dictionnaire encyclopédique du judaïsme*, Paris, Cerf, 1993, p. 486 et 885.

ciel ». Ou encore : « Si vous voulez savoir si ce que vous faites est juste, demandez-vous si cela vous rapproche des hommes ; si ce n'est pas le cas, changez de direction car ce qui ne vous approche pas des hommes vous éloigne de Dieu. Si l'amour de Dieu vous éloigne des hommes, s'il amoindrit votre amour des hommes, il ne peut être que faux […]. Il faut aimer Dieu et les hommes et non pas L'aimer contre eux ni sans eux – voilà le hassidisme tel qu'on le pratiquait à Sassov » (qu'on mettait au rang de capitale hassidique). « Que la personne en détresse s'adresse à Dieu – pas vous ! Votre tâche est de lui porter secours. Au nom de Dieu. Et même à la place de Dieu[15] ! »

M.R.G. : Et à propos de cette souffrance partagée avec Dieu, j'ajoute ceci : dans le jeûne du 9 Av (selon le calendrier juif) qui chaque été commémore les dates de destruction du premier et du deuxième Temple, nous chantons plusieurs litanies ; nous *pleurons* vraiment la Présence exilée du monde – cet espace creusé, vidé de la Présence. Au niveau de ce tissu relationnel entre les humains et Dieu, on peut dire que nous pleurons de notre souffrance commune – la nôtre et la Sienne.

---

15. Elie Wiesel, « Rabbi Moshé-Leib de Sassov ou la compassion hassidique », *in Célébrations. Portraits et légendes*, Paris, Seuil, 1994, p. 828 et 834.

L.B. : Ne disait-on pas de Rabbi Moshé-Leib de Sassov que son cœur était « à la fois brisé et entier » et qu'il était « tellement occupé à faire régner la joie autour de lui que nul n'apercevait sa tristesse » ?

M.R.G. : Oui, et Elie Wiesel se demandait si la joie ne serait pas « la réponse nécessaire mais impossible ». Et il concluait : « La réponse, Rabbi Moshé-Leib de Sassov, symbole de compassion et d'amour hassidiques, l'avait formulée à sa manière : Vous voulez trouver le feu ? Cherchez-le dans la cendre[16] ! »

---

16. *Ibid.*, p. 840 et 842 s.

L'amour-compassion :
résonances chrétienne et bouddhiste

Michel-Maxime Egger

Le philosophe Paul Ricœur (1913-2005) voyait dans la compassion le point de convergence par excellence entre le christianisme et le bouddhisme. Le but de cet article est de mettre en résonance quelques éléments-clés de l'approche de la compassion dans ces deux traditions. Cela, dans une perspective non pas comparatiste, mais de fécondation et d'enrichissement mutuels.

Les fondements

« Vous pouvez appeler Dieu amour ; vous pouvez appeler Dieu bonté ; mais le meilleur nom pour Dieu est compassion », écrivait le mystique rhénan Maître Eckhart (1260-1327). La compassion est au cœur de la révélation biblique. Elle est l'un des attributs majeurs de l'être même du Dieu trinitaire, à l'image et à la ressemblance duquel l'être humain a été créé : « Dieu est riche en compassion, à cause du grand amour dont Il nous a aimés » (Ep 2,4). Le Dieu chrétien n'est pas un Dieu perdu dans les nuages d'une transcendance inaccessible, indifférent aux malheurs du monde. Il est, au contraire, l'« Emmanuel » annoncé par l'ange Gabriel à Marie : « Dieu avec nous » (Mt 1,23). Dieu qui s'est fait chair, qui vient habiter au plus profond de notre cœur et partager notre vie. Dieu qui souffre et se réjouit avec nous.

Cette compassion divine a été vécue et manifestée en plénitude, dans le monde et l'histoire, par Jésus de Nazareth. Toute son existence durant, il n'a cessé d'écouter, de guérir, de soulager, jusqu'à donner sa vie pour le salut du monde. L'important dans les innombrables guérisons qu'il a opérées est moins la puissance divine qu'elles révèlent que l'extraordinaire compassion qui les inspire. Le Christ nous invite, à notre tour, à devenir les témoins de cet amour au milieu d'un monde souvent brisé et désespéré : « Montrez-vous compatissants, comme votre Père est compatissant » (Lc 3,63). La compassion est un appel, l'un des éléments essentiels de cette « perfection » à laquelle il nous convie : « Vous donc, vous serez parfaits/accomplis comme votre Père céleste est parfait/accompli » (Mt 5,48). Elle est une vocation, non pas morale, mais ontologique[1]. C'est en y répon-

---

1. Le mot « ontologie » vient du grec *ontos*, participe présent du verbe « être ». Il exprime la qualité première de l'être

dant que chacun de nous devient une personne à la ressemblance de Dieu, que nous accomplissons l'image divine en nous ou, plus simplement encore, que nous atteignons notre pleine stature humaine.

Vocation, mode d'être, manière de marcher dans la vie, la compassion l'est aussi dans le bouddhisme. Comme l'écrit Chögyam Trungpa (1939-1987), « l'essence de l'homme est faite de compassion et de sagesse[2] ». Celles-ci s'expriment dans des attitudes de douceur et de bienveillance, un respect profond de l'autre, au-delà de toute considération égocentrique. Dans la tradition du *dharma*[3], la compassion ne découle pas d'une révélation divine, mais d'une démarche empirique par laquelle l'être s'éveille à la nature essentielle de l'esprit et de la réalité, au-delà des projections et illusions de l'ego. Réaliser cette nature fondamentale – la nature du Bouddha – c'est notamment prendre conscience de l'interdépendance universelle. « Tout est interdépendant ; rien n'est autonome et autosuffisant. Il n'est pas d'être, il n'est que de l'"inter-être". [...] "Je" dépends de ce qui est "autre que moi". Ce que nous appelons "moi"

---

créé par Dieu, la dimension divine qui est à son fondement même.

2. *Le Cœur du sujet*, Paris, Seuil, 1993, p. 229.

3. Le sens le plus courant de *dharma* est « l'enseignement », comme exposé de la réalité telle qu'elle est.

est fait d'éléments de non-moi[4] », explique lama Denys Teundroup, supérieur du centre Karma-Ling en Savoie. L'autre n'est donc pas extérieur à moi, mais en moi. Lorsque nous prenons conscience de cela, « le bien-être d'autrui est ressenti comme notre propre bien-être. [...] Finalement, nous sommes responsables de notre bonheur lorsque nous accomplissons celui des autres[5] ». Le *bodhisattva*, figure clé du Mahayana[6], est celui qui s'engage avec courage vers l'éveil et la réalisation de sa nature de Bouddha, non seulement pour lui-même, mais pour le bien de tous les êtres. Il va jusqu'à refuser l'éternité de son nirvâna personnel par compassion pour les autres, pour leur apporter réconfort, bonheur et finalement libération de la souffrance.

Cette vision du *bodhisattva*, qui renonce à sa félicité éternelle tant que des êtres souffriront sur cette terre, rappelle quelques grandes figures bibliques de sainteté. Ainsi Moïse qui, dans un dialogue avec Dieu rapporté par un *midrash*[7], préfère

---

4. Lama Denys, *La Voie du bonheur*, Arles, Actes Sud, 2002, p. 49.
5. *Ibid.*, p. 52.
6. Le Mahayana ou Grand Véhicule est l'un des principaux courants du bouddhisme ; il s'est notamment répandu en Chine, au Tibet et au Japon.
7. *Devarîm Rabbâ* 7, 11. Le midrash est une exégèse créatrice du texte biblique, caractéristique de la tradition juive.

ne pas entrer dans la terre promise plutôt que périsse un seul fils d'Israël. De même, l'apôtre Paul, plein d'une « grande tristesse et douleur incessante dans son cœur », souhaite être lui-même « anathème et séparé du Christ » pour que ses frères et sœurs soient sauvés (Rm 9,2-3).

Cette compassion de Moïse et de Paul découle de leur solidarité profonde avec toute l'humanité, dans le mal comme dans le salut. Ce qu'avait très bien saisi le moine cistercien américain Thomas Merton, dans une intuition qui pourrait être exprimée par un bouddhiste : « L'idée de compassion est fondée sur la conscience aiguë de l'interdépendance de tous les êtres vivants, qui sont tous parties les uns des autres[8]. » Quand nous récitons la prière chrétienne fondamentale, nous disons « *notre* Père » et pas « *mon* Père ». Nous sommes enfants d'un même Père, animés par le même souffle divin. Nous sommes descendants de l'*adam*, tête collective de toute la race humaine qui a été assumée et récapitulée par le Christ, le second *adam*. Par cela même, toutes les personnes humaines sont consubstantielles[9], ontologique-

---

8. Thomas Merton, « Marxism and Monastic Perspectives », *in* John Moffitt éd., *A New Charter for Monasticism*, Notre Dame, University of Notre Dame Press, 1970, p. 80.

9. Les personnes humaines sont de même substance, unes dans leur essence comme le sont les trois Personnes de la Trinité, le Père, le Fils et le Saint-Esprit.

ment unes. Nous sommes appelés à réaliser cette unité foncière de l'humanité dans notre existence concrète. C'est le sens de la supplique du Christ au Père : « Afin qu'ils soient en nous comme toi tu es en moi et moi en toi, et qu'ils soient un comme nous sommes un » (Jn 17,21-22). La compassion est à la fois l'expression de cette unité et la voie pour la concrétiser. Pema Chödron, dans une perspective bouddhiste, ne dit rien d'autre quand elle écrit : « La compassion véritable ne consiste pas à vouloir aider ceux qui ont moins de chance que nous, mais à prendre conscience de notre parenté avec tous les êtres[10]. »

Essai de définition

Les bouddhistes comprennent le mot compassion d'une manière plus large que les chrétiens. Le mot sanscrit généralement traduit par compassion dans la littérature bouddhiste est *karuna*, qui a donné *caritas* en latin et charité en français. Il renvoie donc plutôt à l'amour, mot que les traducteurs bouddhistes ont cependant évité, l'estimant trop galvaudé et connoté. Pour ces raisons de vocabulaire, certains auteurs comme lama Denys Teundroup préfèrent parler d'« amour-compas-

---

10. Pema Chödron, *La Voie commence là où vous êtes*, Paris, Pocket, 2004, p. 11.

sion » ou de « compassion-amour ». Une expression féconde pour élargir notre regard sur la compassion et l'appréhender d'une manière plus globale.

Il y a, dans les évangiles, un mot grec magnifique pour exprimer la compassion de Jésus : *splanchnizomai*. Cela signifie, littéralement, « être touché dans ses entrailles ». L'équivalent hébreu est *rachamim*, qui évoque le « ventre » de Dieu. La compassion n'est pas un simple sentiment, superficiel, de sympathie ou de pitié, comme peut le suggérer le mot français. C'est un mouvement intérieur qui vient du cœur profond. Celui-ci est, disent les Pères de l'Église, le lieu central où s'opèrent l'unification de l'être humain (corps-*sôma*, âme-*psychè* et esprit-*noûs*) et l'union avec Dieu. Comme l'écrit Nicéphore le Solitaire : « L'intelligence qui mène le combat trouvera le lieu du cœur. Alors elle voit au-dedans ce qu'elle n'avait jamais vu et qu'elle ignorait. Elle voit cet espace qui est à l'intérieur du cœur et elle se voit elle-même tout entière lumineuse, pleine de toute sagesse et de discernement[11]. » Difficile de ne pas évoquer ici le mot tibétain traduit par compassion : *ninedjé*. Il signifie le cœur noble, bon et aimant, plein d'empathie. Comme dans la tradition chrétienne, le « cœur » n'est pas l'organe phy-

---

11. *Philocalie des Pères neptiques*, vol. X, Bégrolles-en-Mauges, abbaye de Bellefontaine, 1990, p. 48.

sique, mais ce qui est le plus intérieur à l'être humain : le siège non seulement des sentiments et de la compassion, mais aussi de l'esprit pur capable de connaître la réalité d'une manière immédiate, sans les filtres de la raison discursive et conceptuelle.

C'est à ce niveau-là d'intériorité que nous devons – comme Jésus – être touchés par l'autre pour entrer dans la vraie compassion. Chögyam Trungpa parle de l'existence en l'être humain d'un « point sensible », une « plaie ouverte »[12] par où nous pouvons laisser les autres nous toucher, « effleurer notre cœur, si beau et si nu [...], nous ouvrir, sans résistance ni timidité, et faire face au monde. Nous sommes alors disposés à partager notre cœur avec les autres[13] ». La tradition du *dharma* nous apprend que si compatir signifie bien, étymologiquement, « souffrir avec », il s'agit également, plus globalement, d'apprendre à participer à la réalité de l'autre, comprendre intimement son expérience, partager tout ce qu'il vit : ses peines, sa douleur, sa confusion, son angoisse, mais aussi son bonheur et sa joie.

Le théologien dominicain Matthew Fox a, en ce sens, raison d'insister sur les deux composantes de la

---

12. *L'Entraînement de l'esprit et l'apprentissage de la bienveillance*, Paris, Seuil, 1998, p. 37.
13. *Shambala. La voie sacrée du guerrier*, Paris, Seuil, 1990, p. 47.

compassion : la douleur et la joie. « Il ne peut y avoir de compassion sans célébration ; de même, une célébration qui ne suscite pas des énergies accrues de compassion n'est pas authentique[14]. » Compassion face au malheur et à la douleur d'autrui, célébration de l'Esprit qui engendre par son amour la joie de la résurrection dans le cœur. L'apôtre Paul le dit bien : « Réjouissez-vous avec qui est dans la joie, pleurez avec qui pleure » (Rm 12,15). Chögyam Trungpa, qui revenait souvent sur la nécessité de « célébrer l'existence dans l'épreuve même de la détresse[15] », souligne de son côté : « La compassion est pleine de joie, de joie spontanée, de joie constante dans le sens de la confiance, dans la mesure où la joie contient de fabuleuses richesses[16]. » Le moteur de la vraie compassion n'est donc pas une attirance morbide pour le malheur d'autrui, une forme d'exaltation plus ou moins masochiste et doloriste de la souffrance et de la Croix comme voie du salut. Son ressort est, au contraire, la communion, « l'être ensemble », la conscience acérée de ne faire qu'un avec l'autre dans tout ce qu'il vit, le négatif comme le positif.

---

14. Matthew Fox, *A Spirituality Named Compassion*, Rochester (Vermont), Inner Traditions International, 1979, p. 3-4.
15. *Pour chaque moment de la vie*, Introduction de Fabrice Midal, Paris, Seuil, 2004, p. 49.
16. *Pratique de la voie tibétaine*, Paris, Seuil, 1976, p. 104.

Amour et connaissance

Le bouddhisme a développé d'une manière très profonde et particulière ce lien que nous venons d'évoquer entre l'intelligence et le cœur, à la source même de l'amour-compassion. Celui-ci a deux pôles, précise lama Denys Teundroup[17] : *karuna* et *prajna*. *Karuna*, c'est l'amour qui participe à la réalité de l'autre d'une manière empathique et altruiste, c'est-à-dire non égocentrique, au-delà de la séparation du « petit moi » égoïste. *Prajna*, c'est la connaissance, la compréhension. Non pas au sens de la raison intellectuelle – avec ses projections et constructions conceptuelles – mais au sens, non dualiste, de ce qui est « compris dans ». Car on ne connaît vraiment que ce que l'on « comprend », ce à quoi l'on participe dans une « conaturalité », une communion intime.

Le bouddhisme souligne la nécessaire complémentarité de ces deux pôles pour éviter tout risque de déviation ou de déséquilibre spirituels. « *Karuna*

---

17. Les références non bibliographiques à lama Denys Teundroup sont tirées d'un entretien sur la compassion avec l'auteur de cet article. Il a notamment publié *Le Dharma et la vie*, Paris, Albin Michel, 1993, ainsi que des articles dans la revue *Dharma*, publiée par l'Institut Karma-Ling. Deux numéros de celle-ci ont été consacrés à la compassion : « Compassion et sagesse », n° 2, 1988, et « Compassion et médecine », n° 46, 2003.

et *prajna* sont les deux ailes dont l'oiseau a besoin pour s'envoler au firmament de l'éveil. La compassion véritable, non égoïste, ouvre à la sagesse de la connaissance, et la connaissance qui transcende les perspectives dualistes de l'ego conduit à l'amour altruiste », résume lama Denys Teundroup.

La tradition du *dharma* va encore plus loin dans cette dynamique de l'amour et de la connaissance en distinguant trois niveaux de compassion, selon le degré de réalisation spirituelle. Le *premier* est « en référence aux êtres ». D'ordre encore relatif et dualiste, il consiste à se dévouer, à accompagner autrui dans ses difficultés. C'est une expérience de personne à personne, avec cependant une attitude non égocentrée, qui fonde la justesse de la relation entre « moi » et « autrui ».

Le *deuxième* niveau est « en référence à la réalité ». L'amour-compassion se vit ici dans la compréhension des mécanismes intérieurs, des illusions, passions, conditionnements et autres projections de l'ego par lesquels les êtres fabriquent leur propre souffrance et mal-être. Il s'agit de chercher à aider l'autre en allant à la racine intérieure de sa souffrance, en lui faisant prendre conscience que ce qui lui arrive n'est pas uniquement extérieur à lui mais qu'il en est partie intégrante. C'est l'une des grandes leçons du bouddhisme : les maux qui nous affectent dépendent, certes, des situations et événements extérieurs, mais plus encore de la manière dont nous les vivons et de la relation que nous entretenons avec eux, à travers notamment nos attitudes égotiques[18] et passionnelles d'aveuglement, d'attachement ou de rejet. « Le rôle de celui qui soigne ne doit pas se limiter à guérir la maladie ; il doit trancher net dans la tendance à voir la maladie comme une menace de l'extérieur, écrit Chögyam Trungpa. [...] Ce n'est pas la maladie qui est le gros problème, mais l'état psychologique qui se cache derrière[19]. »

Le *troisième* niveau de compassion est « sans référence », de l'ordre de la non-dualité. C'est l'amour éveillé, spontané et non intentionnel, fondé sur la connaissance directe et immédiate de la nature profonde de l'esprit. Là, on se trouve au-delà des notions illusoires de « moi » et d'« autrui ». L'autre, d'une certaine manière, est moi-même, sa souffrance devient la mienne[20].

Ce dernier niveau d'expérience rejoint le sens réel, mystique, du second commandement du Christ : « Tu aimeras ton prochain comme toi-même » (Mt 19,19). On voit généralement dans le « comme toi-même » une indication de la quantité d'amour que nous devons donner à notre pro-

---

18. Liées à l'ego.
19. *Le Cœur du sujet, op. cit.*, p. 225.
20. Pour approfondir cette distinction entre les trois niveaux d'amour-compassion, voir notamment lama Denys Teundroup, « Compassion et sagesse : la voie de l'union », *Dharma*, n° 2, 1998, p. 21-28.

chain : nous devons l'aimer autant que nous nous aimons nous-mêmes. En réalité, il s'agit de l'aimer comme faisant partie de nous-mêmes et de notre propre existence, en vertu de l'unité ontologique de toute l'humanité en l'*adam* premier et en Christ. Ce qui permettait à un saint orthodoxe contemporain, Silouane de l'Athos (1866-1938), d'affirmer : « Bienheureuse l'âme qui aime son frère, car notre frère *est* notre propre vie[21]. » Il l'est cependant – le christianisme diffère ici du bouddhisme – en gardant son altérité et son unicité irréductible de personne, dans une union sans confusion et une distinction sans séparation.

Ainsi, la souffrance de l'autre ne m'est plus extérieure. Elle me touche si profondément qu'elle devient ma propre souffrance. À ce niveau de conscience et d'expérience spirituelle, la compassion, comme la solidarité d'ailleurs, n'est plus simplement une affaire de bons sentiments, de charité, de conviction intellectuelle ou d'obligation morale. Avant d'être éthique, elle est ontologique. Il n'y a plus en elle cette forme de pitié et de condescendance qui peut exister parfois dans la relation d'aide, cette distance entre l'aidant – qui va soi-disant bien, qui a réussi, etc. – et l'aidé qui va mal et serait en position d'échec. Dieu, en Christ, ne se penche pas sur nous du haut de sa

---

21. Archimandrite Sophrony, *Starets Silouane, moine du mont Athos*, Sisteron, Présence, 1973, p. 339.

majesté et supériorité. Il entre dans notre vie pour la partager. Il est, par amour, devenu l'un de nous. Il s'est non seulement fait chair, mais aussi « vidé » de sa divinité pour se faire « esclave » et « serviteur » (Ph 2,5-8), assumant avec une infinie tendresse toute la condition humaine, lavant les pieds de ses disciples, vivant l'angoisse la plus atroce au jardin de Gethsémani, l'humiliation et la mort cruelle sur la croix. Il s'est identifié complètement aux pauvres, malades, faibles et laissés-pour-compte de la société, au point de pouvoir dire : « Ce que vous avez fait ou n'avez pas fait à l'un de ces plus petits, c'est à moi que vous l'avez fait ou ne l'avez pas fait » (Mt 25,40). La compassion véritable est une relation de cet ordre-là.

Échange et sacrifice de soi

L'amour-compassion consiste à nous rendre aussi proches des autres que Dieu l'est de nous, à accueillir tout être humain – quel qu'il soit – comme le Christ ou un envoyé de Dieu, à voir dans son visage l'image et la présence de Dieu, à le « comprendre » à la fois dans sa consubstantialité avec nous et dans son altérité radicale. Les maîtres bouddhistes parlent de la nécessité de recevoir l'autre comme un hôte porteur de la nature de Bouddha. Non pas comme un intrus qui viendrait nous déranger, dont il conviendrait de se protéger

Michel-Maxime Egger

pour garder notre confort personnel, mais comme un invité bienvenu, qui mérite toute notre attention.

En s'approfondissant, cet accueil se transforme ensuite en « échange de soi avec autrui ». Dans la dynamique de l'amour-compassion, celui-ci suppose deux choses. D'une part, à un premier niveau, la capacité de se mettre à la place de l'autre. Les maîtres du *dharma* ne cessent de le répéter : nous devons apprendre à ne pas percevoir la situation de l'autre, à ne pas considérer ses problèmes et sa souffrance uniquement dans notre perspective, c'est-à-dire à travers nos projections. Il est, au contraire, indispensable de comprendre les choses d'une manière plus large et plus intelligente, à partir du point de vue de l'autre, de ce qu'il vit dans sa chair et son esprit, de ses raisons et motivations. D'autre part, à un niveau plus radical, cet « échange de soi avec autrui » signifie un renversement de notre attitude égocentrée habituelle, la sortie hors de la logique du « moi d'abord ». En effet, comme l'affirme une phrase célèbre d'Atisha[22] : « Toutes les souffrances de ce

---

22. Célèbre érudit bouddhiste et maître de méditation, Atisha (983-1054) fut l'abbé du grand monastère Vikramashila à l'époque où le bouddhisme était florissant en Inde. Par la suite, il fut invité au Tibet et sa venue fut la cause du rétablissement du bouddhisme dans ce pays. Il est l'auteur d'un texte fondamental qui condense tous les enseignements du Bouddha, *La Lampe pour la voie*.

monde viennent du désir égoïste ; toutes les joies et les bonheurs viennent d'une attitude altruiste. » Dans l'amour-compassion, l'autre devient véritablement le centre. Être compatissant, c'est considérer autrui comme aussi important, voire plus important que soi-même.

Le même mouvement altruiste d'« échange de soi avec autrui » existe aussi dans la tradition chrétienne. Il s'exprime par les termes de « kénose »[23] et de « sacrifice » de soi pour l'autre. De même que le Christ s'est « vidé » de sa divinité pour assumer la condition humaine dans toute sa réalité, de même nous sommes invités à nous « vider » de notre ego pour nous remplir de l'Esprit saint et recevoir l'autre en nous. « Il n'est pas de plus grand amour que celui-ci : donner sa vie pour ses amis », dit le Christ (Jn 15,13). Le sens profond du « sacrifice », c'est renoncer non pas à notre existence propre, mais à notre ego, pour faire de notre relation avec l'autre un espace sacré, plein de la présence divine. C'est ce que Mgr Georges Khodr, métropolite orthodoxe du Mont-Liban, entend quand il écrit : « Vous êtes essentiellement un noyau appelé à mourir pour que d'autres vivent. [...] Sur cette terre, l'homme s'affirme quand il s'anéantit ou meurt dans l'autre. Il n'y a pas d'autre façon d'exprimer l'amour que dans le dépassement de tout dua-

---

23. Du grec *kenôsis*, qui signifie « vide ».

lisme. La mort dans l'autre est en fait une résurrection[24]. »

L'acceptation de soi et de l'autre

Ce sacrifice de l'ego est l'une des bases essentielles de la compassion. Car vouloir « faire le bien » de l'autre à partir de mon « petit moi » peut s'avérer risqué, voire déplorable tant pour moi-même que pour les autres. L'ego s'avance souvent masqué, qui plus est, sous les atours les plus vertueux. Il est donc important d'acquérir une compréhension aiguë des motivations profondes et parfois inconscientes qui peuvent se cacher derrière une certaine compassion militante, dans laquelle on peut s'engager au nom du bien d'autrui, mais en fuyant dans cette bonne cause ses propres problèmes et y en injectant sa propre confusion.

L'amour-compassion en proie aux passions et fixations de l'ego s'expose à certaines déviations. D'abord, aider l'autre, l'accompagner dans son épreuve, peut être une façon, plus ou moins cachée, soit de chercher à être aimé et à se valoriser, soit de se fuir soi-même, avec ses propres problèmes et abîmes... Ensuite, il est une manière égocentrée d'aider l'autre et de compatir à sa souf-

---

[24]. *L'Appel de l'Esprit*, Paris, Éd. Cerf-Sel de la Terre, 2001, p. 10.

france qui revient à le réduire à l'image que l'on s'en fait, à ce que l'on aimerait qu'il soit ou qu'il devienne. On croit ou prétend savoir ce qui est bon pour l'autre et on essaie de le réaliser, malgré lui. L'autre, du coup, est aliéné ; il devient le miroir de nous-mêmes. En fait, c'est nous-mêmes que nous aimons dans l'autre. Enfin, il peut y avoir une façon de compatir, d'aimer et d'aider qui devient envahissement du territoire de l'autre. Le philosophe Fred Poché l'écrit justement : « Celui qui ne cesse de donner et qui "en fait trop" risque non seulement d'annuler le sens du don, mais, en même temps, de ne pas laisser à celui qui reçoit l'espace de respiration nécessaire à une vie libre. L'exubérance de bonté est comme un désir d'emprise sur autrui et non une générosité gratuite[25]. »

Face à ces travers, trois réponses ressortent des enseignements chrétien et bouddhiste : l'acceptation de soi, l'acceptation de l'autre, la juste distance entre l'ouverture et le don.

Premièrement, *l'acceptation de soi*. « La compassion pour les autres commence par la bienveillance envers soi-même[26] », estime Pema Chödron. En effet, affirmait son maître Chögyam Trungpa, « le chaos du monde est dû en grande partie au fait

---

25. Fred Poché, *Lévinas, chemin ou obstacle pour la théologie chrétienne*, Paris, Cerf, 2005, p. 71.
26. *La Voie commence là où vous êtes, op. cit.*, p 19.

que les gens ne savent pas s'apprécier. N'étant jamais parvenus à éprouver de la sympathie ou à manifester de la douceur envers eux-mêmes, ils ne peuvent faire l'expérience de l'harmonie ou de la paix intérieures. Par conséquent, ce qu'ils communiquent aux autres est également discordant et confus[27] ». Il convient donc d'avoir confiance en nous-mêmes, « confiance dans le "sens" de voir ce que nous sommes, savoir ce que nous sommes, et savoir que nous pouvons nous permettre de nous ouvrir[28] ». Autrement dit, nous ne pouvons accepter et accueillir l'autre tel qu'il est, dans sa réalité positive et négative, que si nous nous sommes d'abord acceptés et accueillis nous-mêmes. Non pas tels que nous voudrions être, mais tels que nous sommes, avec nos pensées, nos émotions, nos idées, nos fantasmes, mais aussi avec nos refus et résistances, nos parts d'ombre, tout ce qu'il peut y avoir d'obscur et de négatif en nous et que nous peinons à reconnaître.

Nous accepter tels que nous sommes, c'est aussi reconnaître et accepter notre apparente incapacité à aider vraiment l'autre, notre sentiment d'inutilité. Que de fois, face à la souffrance de l'autre, nous nous sentons comme impuissants, ne sachant trop que dire ou que faire, toute parole de consolation, tout conseil semblant vains et convenus.

---

27. *Shambala, op. cit.*, p. 37.
28. *Pratique de la voie tibétaine, op. cit.*, p. 34-35.

« Être simplement avec l'autre est difficile, car cela nous demande de participer à sa vulnérabilité, d'entrer avec lui dans l'expérience de la faiblesse, de l'impuissance et de l'incertitude, d'abandonner toute maîtrise et autodétermination[29] », écrit justement Henri Nouwen. La véritable compassion ne réside-t-elle pas précisément là, dans la rencontre entre deux vulnérabilités, dans la conscience d'une faiblesse partagée ? La vraie consolation n'est-elle pas simplement dans cette présence humble et « inutile » à l'autre, dans l'assurance de notre fidélité, la promesse que nous serons toujours là ? Dieu ne s'est pas incarné en Jésus-Christ pour donner réponse à toutes nos questions, résoudre tous nos problèmes, abolir tout mal et toute souffrance, mais pour entrer avec nous dans nos questions, problèmes et souffrances, pour les habiter d'une présence susceptible de leur donner un sens et une espérance.

Deuxièmement, *l'acceptation de l'autre*. Les maîtres bouddhistes sont, sur ce point, intransigeants : on ne peut rencontrer véritablement autrui si l'on projette sur lui tout un fatras d'images et d'attentes, d'idées et d'idéaux, à partir de son ego et de ses représentations. Il s'agit, au contraire, de reconnaître et d'accepter l'autre tel qu'il est, dans sa réalité

---

29. Henri J. M. Nouwen, Donald P. McNell, Douglas A. Morrison, *Compassion. A Reflection on the Christian Life*, New York, Doubleday, 1982, p. 12.

propre. Cet accueil doit être inconditionnel, sans réserve, dans une ouverture totale aussi à tout ce qu'il peut y avoir d'irritant, de dérangeant, voire d'inacceptable dans l'autre et que nous refusons habituellement. C'est uniquement dans ce « oui » sans « mais » à l'autre que nous pouvons participer réellement à sa réalité, compatir à sa peine, partager ce qu'il est et ce qu'il vit, répondre de façon adéquate à ce dont il a véritablement besoin.

L'amour-compassion est, en ce sens, également la meilleure réponse à l'agressivité. Il est, pour les bouddhistes, indissociable de la non-violence. Il permet de briser la chaîne des actions-réactions caractéristique de l'escalade de la violence. « Les êtres supérieurs sont ceux qui savent rendre la compassion pour la colère », affirme une maxime bouddhiste. On retrouve là la règle d'or au cœur de la plupart des traditions religieuses : « Ne fais pas à l'autre ce que tu n'aimerais pas qu'il te fasse. »

Cela dit, réagir d'une manière compassionnelle ne veut pas toujours dire répondre doucement ou d'une façon conventionnellement gentille, aimable. La parole du Christ, tout sommet de l'amour qu'elle soit, n'a rien de mièvre ni de sentimental. Elle peut être tranchante, radicale, interpellante, « violente » même quand il s'agit de réveiller les âmes endormies, de chasser les démons, de sortir les disciples de leur ignorance et de leurs illusions. Chögyam Trungpa n'hésite pas à fustiger la

« fausse compassion » qui, à force de vouloir toujours être gentille, finit par anesthésier celles et ceux qu'on prétend aider, en les confortant dans leurs maux et malheurs, voire en créant chez eux une forme de dépendance par rapport aux « calmants » et baumes qu'on leur offre. « Avec son manque de courage et d'intelligence, cette gentillesse superficielle nuit plus qu'elle n'aide[30]. [...] La compassion authentique n'est pas la compassion idiote. Elle ne craint pas de subjuguer et détruire [...] ce qui doit être subjugué ou détruit[31]. [...] En raison de la tendance naturelle de certaines personnes à la complaisance envers elles-mêmes, il est parfois préférable de se montrer direct et tranchant[32]. »

S'ouvrir et donner

La troisième réponse est la juste distance entre l'ouverture et le don. Il y a, de fait, un double mouvement dans l'amour-compassion : accueillir et aller vers. Jésus non seulement accueille ceux qui viennent vers lui, les écoute et les guérit, mais il s'avance aussi vers eux, il va au-devant des faibles et des souffrants. C'est tout l'enseignement de la

---
30. *Le Cœur du sujet, op. cit.*, p. 163.
31. *Le Mythe de la liberté*, Paris, Seuil, 1979, p. 124.
32. *Le Cœur du sujet, op. cit.*, p. 149.

parabole du Samaritain (Lc 10, 29-37) : le prochain est celui dont nous nous rendons proches. En même temps, tout en allant vers l'autre, le Christ ne s'impose jamais, il respecte totalement sa liberté. L'amour-compassion authentique suppose donc une forme de retrait qui donne à l'autre la possibilité et l'espace pour venir vers nous. Cela suppose d'avoir confiance, d'oser s'ouvrir et s'exposer personnellement à l'autre. Donc de ne plus avoir peur : « Il n'y a pas de crainte dans l'amour. [...] Celui qui a peur n'est pas parvenu à la perfection de l'amour » (1 Jn 4,18).

« Avons-nous réellement fait l'expérience de la nudité, de l'ouverture et du don ? C'est la question fondamentale. Il nous faut réellement lâcher prise, donner quelque chose, abandonner quelque chose, et c'est très douloureux[33] », lance Chögyam Trungpa. D'un côté, donc, *l'ouverture*. Selon les maîtres bouddhistes, il ne saurait y avoir d'amour-compassion véritable sans ouverture de son territoire, sans destruction des barrières érigées par notre ego. Cela n'a rien de facile car, d'ordinaire, nous vivons sur un mode instinctuel dans lequel soit nous nous défendons, soit nous cherchons à prendre (captation) et à garder pour nous (possessivité). Nous vivons dans la crainte et veillons à ce que rien ne vienne nous déranger, troubler notre paix apparente, mettre en question les prérogatives

---

33. *Pratique de la voie tibétaine, op. cit.*, p. 88.

de notre ego. Enfermés dans notre cocon égotique, nous refusons tout ce que nous jugeons incertain, désagréable et indésirable, et nous nous accrochons à ce que nous estimons sûr, agréable et désirable. Or, la compassion nous demande d'apprendre à nous ouvrir, à nous dévêtir de nos armures, à abattre les murs de protection que nous ne cessons d'ériger entre nous et les autres. Sans cela, nous ne pouvons pas être vraiment réceptifs aux autres, capables d'être touchés à notre « point sensible » par leur réalité. Le véritable amour-compassion n'est possible que si « nous n'avons rien à perdre et à gagner. Nous laissons tout simplement notre cœur complètement à nu[34] ». Cela suppose de vaincre notre peur, d'accepter la possibilité de l'échec, de la perte, de la dépossession.

L'ouverture, mais aussi le *don*. « Il faut tout céder. Chaque fois que l'on donne, la vision s'éclaircit, on a un filtre moins épais sur les pupilles ; l'ouïe s'améliore et on a moins de cérumen dans les oreilles. Plus on laisse tomber la tension et l'attitude défensive, plus on entend et mieux on voit. [...] On donne tout court, sans rien attendre en retour. On donne, c'est tout ; on donne, on donne, on lâche prise. Chaque fois qu'on donne, la clarté augmente[35]. » La clé, ici,

---

34. Chögyam Trungpa, *Shambala, op. cit.*, p. 161.
35. *Id., Dharma et créativité*, Paris, Guy Trédaniel, 1999, p. 92.

c'est de donner sans retour et totalement, en acceptant d'abandonner à l'autre ce que l'on a de meilleur, ce à quoi l'on tient le plus. Là aussi, cela n'a rien d'évident, car il y a en nous des résistances. Nous vivons souvent dans une mentalité de pénurie caractéristique de l'ego qui a peur de manquer. C'est pourquoi il nous faut apprendre à donner sans réserve, du tréfonds de notre cœur. Là, au plus intime de nous-mêmes, nous prenons conscience que plus nous donnons, plus nous sommes riches et capables de donner. Autrement dit, c'est en donnant, en se donnant que l'on s'enrichit fondamentalement ; c'est en s'ouvrant qu'on se remplit, en se vidant qu'on peut découvrir la plénitude.

S'ouvrir et se donner à l'autre, certes, mais jusqu'à quel point ? Un joli apophtegme des Pères du désert raconte le conseil d'un ancien à son disciple : « Si tu vois un homme se noyer dans le fleuve, précipite-toi à son secours. Cependant, tends-lui un bâton et non la main. S'il est trop lourd et que tu sens qu'il t'entraîne avec lui vers le fond, lâche le bâton ! » Dans la relation d'amour, d'aide et de compassion, il peut y avoir des choses de l'autre que je ne suis pas en mesure d'accueillir, car elles risquent de me mettre en danger, psychologiquement et spirituellement. Il peut y avoir en moi des souffrances et blessures – conscientes ou non – que les souffrances et blessures de l'autre vont réactiver. Les abîmes intérieurs et problèmes de l'autre peuvent me renvoyer à mes propres abîmes et problèmes irrésolus. Je ne suis peut-être pas en mesure de les accueillir sans risquer de sombrer moi-même. Et si je m'effondre, je ne suis peut-être d'aucune utilité à l'autre qui a besoin de pouvoir s'appuyer momentanément sur quelqu'un, quelque chose de solide.

Il semble donc légitime de se protéger en partie de l'autre. Les maîtres bouddhistes ne le contestent pas. Ils soulignent cependant le caractère progressif du chemin de l'ouverture et de l'amour-compassion. L'impact de l'autre et de ses souffrances sur nous va dépendre de notre niveau de réalisation spirituelle, du plan de l'être et de l'âme où ces énergies viendront s'inscrire. Le but est d'apprendre peu à peu à accueillir l'autre – avec ses blessures, ses souffrances, ses abîmes – jusqu'au plus profond de nous-mêmes et dans une acceptation totale, inconditionnelle. Car au centre du centre de notre cœur – où l'ego n'a plus cours – tout ce qui est accueilli de négatif et d'obscur finit par se dissoudre. Et dans le « oui » sans réserve ni résistance, il y a un lâcher-prise, un abandon qui rend d'une certaine manière invulnérable. Comme l'explique lama Denys Teundroup, « cette invulnérabilité n'est pas celle d'une personne forte, habituée à serrer les dents et à encaisser les coups, car même si l'on est un tank avec de multiples couches de blindage, on peut toujours être percé et sauter ». Il s'agit, au contraire, d'une forme de nudité, de transparence et de lâcher-prise qui amène à un au-delà de la peur, qui fait que l'on ne se fixe pas sur ce que l'on accueille, que l'on ne reste pas chargé de ce qui est accueilli. La peur, du coup, s'évanouit d'elle-même. Et nous sommes libérés de la réaction paranoïaque : « Je vais sombrer, il va me submerger. »

L'amour-compassion sans limites

Quelles sont les limites de la compassion ? Il est, à l'évidence, plus facile d'aimer, d'aider, de compatir à la souffrance de ceux qui nous sont proches et qui, parce qu'ils nous aiment, « méritent » d'une certaine manière notre amour et notre compassion. L'amour évangélique – c'est le sens des bras ouverts et étendus du Christ sur la croix – est, en revanche, sans limites. Il est au-delà de toutes les séparations, même religieuses et confessionnelles. Le Christ nous a libérés des liens, lois et frontières du sang, du clan, de la tribu, de la nation. Mon « frère » ou ma « sœur » n'est pas seulement le membre de « ma » famille et de « ma » communauté, mon coreligionnaire ou mon compatriote. C'est tout être humain, y compris mon ennemi : « Aimez vos ennemis et priez pour ceux qui vous persécutent » (Mt 5,44). L'amour-compassion véritable s'étend à tout être vivant, à toute la création et même aux démons : « Qu'est-ce qu'un cœur compatissant ? C'est un cœur qui brûle pour toute la création, pour les hommes, pour les oiseaux, pour les bêtes, pour les démons, pour toute créature. Lorsqu'il pense à eux, et lorsqu'il les voit, ses yeux versent des larmes. Si forte et si violente est sa compassion, et si grande est sa constance, que son cœur se serre et qu'il ne peut supporter d'entendre ou de voir le moindre mal ou la moindre tristesse au sein de la création[36]. »

Dans le bouddhisme aussi, l'amour-compassion a un rayonnement universel. Les exercices spirituels du *bodhisattva* entraînent le disciple dans un processus d'ouverture intérieure où il découvre que tous les êtres ont, au travers d'innombrables renaissances, été une fois sa mère ou son père ; il apprend donc à les considérer comme ses propres parents. Dans *L'Entraînement de l'esprit*, grand classique de la littérature bouddhiste, l'apprentissage de l'amour-compassion se développe par cercles concentriques, jusqu'à intégrer toutes les formes de vie, humaine et non humaine. On commence avec les personnes pour lesquelles l'amour-compassion est en principe le plus facile : ses proches, les êtres que l'on aime. On continue avec des personnes neutres, pour lesquelles on ne ressent

---

36. Isaac le Syrien (VIIe s.), *Œuvres spirituelles*, 81e Discours, Paris, Desclée de Brouwer, 1981, p. 395.

rien de particulier. On s'ouvre enfin aux gens avec lesquels on a des conflits, des problèmes concrets et particuliers : ses rivaux, ses adversaires, ses ennemis. Les maîtres bouddhistes donnent une place de choix à ces derniers en tant que catalyseurs puissants de l'amour-compassion. « Les gens qui nous révulsent nous montrent, sans le savoir, des aspects de nous-mêmes que nous jugeons inacceptables et que nous ne pouvons pas voir autrement, écrit Pema Chödron. Ils servent de miroir et nous donnent l'occasion de traiter en ami tout ce matériau ancien que nous transportons comme un sac à dos rempli de blocs de granit[37]. » Il convient donc de s'efforcer de ne pas s'irriter à leur égard, mais au contraire d'essayer de comprendre leur hostilité et agressivité qui n'est souvent que l'expression de leur mal-être et souffrance. Si nous n'y arrivons pas, nous pouvons au moins prier pour eux. « Le sentiment de pouvoir communiquer un tant soit peu avec l'ennemi – cœur contre cœur – est la seule manière de faire changer les choses. Tant que nous haïssons nos ennemis, nous souffrons, l'ennemi souffre et le monde souffre[38] », ajoute Pema Chödron.

---

37. *La Voie commence là où vous êtes, op. cit.*, p. 86.
38. *Ibid.*, p. 72.

Les voies de la prière et de la méditation

Toute cette vision de l'amour-compassion est, d'une certaine manière, un idéal, le but ultime de la voie spirituelle. Sa réalisation implique un important travail sur soi, un long chemin de métanoïa[39] personnelle. Car presque tout, dans notre société fondée sur la compétition, s'oppose à la compassion. La souffrance, la maladie, la dépression – les nôtres et celles des autres – nous font généralement peur ; nous cherchons, spontanément, plutôt à les éviter et à les fuir. De fait, les Pères de l'Église nous disent que nous ne pouvons pas parvenir seuls, par notre unique volonté, à l'amour-compassion véritable, tel qu'il a été vécu par le Christ. Nous avons besoin, pour cela, de la grâce divine, de la coopération de l'Esprit saint. C'est par lui que la compassion de Dieu pourra se manifester à travers nous. Mais encore faut-il créer un espace dans notre être – d'habitude si divisé et encombré par notre ego et nos passions – pour que l'Esprit puisse venir y habiter, enflammer notre cœur d'amour, nous donner la force de compatir. Pour ouvrir cet espace, réunifier notre être en faisant descendre l'intellect dans le cœur, purifier notre cœur, nourrir cette coopération

---

39. Littéralement « changement de l'esprit ». Les Pères de l'Église parlent d'un retournement de tout l'être.

entre la grâce de l'Esprit saint et notre volonté libre, nous avons besoin d'outils de transformation intérieure. D'où l'importance de la prière, de la *lectio divina*[40] et de pratiques ascétiques comme le jeûne.

Dans le bouddhisme, la voie royale pour développer l'amour-compassion est la méditation. Il n'y a pas de chemin plus direct pour découvrir la nature fondamentale de l'esprit et s'ouvrir sans cesse davantage à la réalité telle qu'elle est, de soi-même et de l'autre. Chögyam Trungpa nous met cependant en garde contre certaines idées reçues : « La méditation ne consiste pas à essayer d'atteindre l'extase, la félicité spirituelle ou la tranquillité, ni à tenter de s'améliorer. Elle consiste simplement à créer un espace où il est possible de déployer et défaire nos jeux névrotiques, nos auto-illusions, nos peurs et nos espoirs cachés[41]. » C'est dans la méditation que l'être se libère de tout ce qui, en lui, fait obstacle au véritable amour-compassion et qu'il en acquiert les fondements : le non-ego, la reconnaissance et l'acceptation de soi et de l'autre, la libération des conditionnements de son esprit, la transformation de ses émotions conflictuelles et maladives, l'expérience d'une relation juste à son vécu intérieur et extérieur. La pratique de la méditation cultive des qualités

---
40. Lecture méditée et priante de l'Écriture.
41. *Le Mythe de la liberté, op. cit.*, p. 16.

d'attention, d'ouverture, d'écoute et de lâcher-prise. Elle développe une attitude profonde de détente et de paix dans laquelle il est possible, en s'oubliant soi-même, d'entrer pleinement en relation avec l'autre et sa souffrance au niveau le plus profond du cœur-esprit. C'est par cette voie, pratique et non intellectuelle, que l'on arrive à la compréhension fondamentale, à une expérience directe et immédiate de la réalité de l'autre, à une qualité d'être et de présence qui permet l'action juste, la réponse adéquate à sa souffrance.

Ainsi que le montre Pema Chödrön, une forme de méditation particulièrement propice pour développer la compassion est le *tonglen*[42]. Elle est associée au rythme du souffle. *Tong* signifie donner, et *len* prendre. Cette pratique consiste en un libre échange à travers la frontière dualiste qui existe d'habitude entre soi et l'autre. Dans l'inspiration, nous accueillons l'autre dans sa réalité, tout ce qu'il porte en lui, même ce que nous aurions tendance à refuser. Dans l'expiration, nous nous offrons dans notre réalité propre, avec tout ce que nous avons pour le bien et le bonheur de l'autre. En inspirant, nous apprenons à nous accepter, avec notre confusion intérieure, nos souffrances et leurs causes, les illusions et fixations de notre ego. En expirant, nous apprenons à donner et à lâcher

---

42. Pema Chödrön, *Sur le chemin de la transformation. Le Tonglen*, Paris, La Table ronde, 2001.

prise. La respiration devient ainsi le vecteur de ces échanges compassionnels. Le but final est d'arriver à une attitude intérieure où, d'une certaine manière, nous compatissons et aimons comme nous respirons.

À l'instar de la prière et de l'ascèse chrétienne, ces pratiques de méditation ne portent leurs fruits que si elles s'intègrent véritablement à l'être même de notre personne et à notre vie concrète. La méditation assise – qui nous fait travailler sur tout ce que nous portons en nous – n'a de sens que si elle conduit à la méditation dans l'action, dans le quotidien, avec tout le réel et les autres alentour que nous sommes appelés à assumer comme faisant partie de nous-mêmes.

Vers une politique de la compassion

Le bouddhisme et le christianisme soulignent la nécessité d'incarner l'amour-compassion dans des « œuvres », des actions concrètes au service du prochain, pour le soulager de ses peines et de ses fardeaux. Aurons-nous nourri les affamés, accueilli les étrangers, vêtu ceux qui sont nus, donné un toit aux sans-abri, visité les malades et les prisonniers ? C'est, ultimement, là-dessus que nous serons jugés (Mt 25,34-46). Les prophètes vont plus loin encore en définissant le jeûne qui plaît à Dieu comme les œuvres de justice : libérer les opprimés et briser les chaînes de l'iniquité (Is 58,6-8). Car s'il est bien et nécessaire de compatir activement aux souffrances des autres, cela ne suffit pas : il convient également de s'attaquer aux causes de leurs souffrances. Des causes non seulement individuelles ou interpersonnelles, mais aussi politiques et socio-économiques. Comme le disait déjà saint Augustin : « Tu donnes du pain à qui a faim, mais mieux vaudrait que nul n'ait faim et que tu n'aies à donner à personne. » L'injustice, la misère, l'exclusion, la violence, le mal-être, la dépression dont souffrent des millions de personnes dans le monde ne sont pas des fatalités ni toujours de simples problèmes personnels. Elles sont aussi l'effet de structures économiques, sociales et politiques, lesquelles sont la cristallisation collective du péché[43] et de l'égoïsme humain. C'est pourquoi les théologiens de la libération, en particulier, ont insisté sur la nécessité de donner une dimension sociopolitique à la charité, de créer une économie et des structures de compassion, bref de « faire s'embrasser justice et amour » (Ps 85,11).

L'accent mis par le bouddhisme sur la nécessité d'accepter la réalité telle qu'elle est peut donner l'impression d'une forme de fatalisme, voire d'acceptation passive des structures les plus injus-

---

43. Le péché est à comprendre dans son sens spirituel, non moraliste, de coupure de la relation d'amour avec Dieu et, partant, avec les autres et toute la création.

tes et pouvoirs les plus totalitaires. Cette critique ne correspond pas à la réalité. Il existe de par le monde de nombreux maîtres bouddhistes très engagés socialement et politiquement, qui essayent de transformer leur société à partir des principes du *dharma* comme la non-violence et la compassion. On peut penser en particulier au « petit Gandhi » de Sri Lanka, A. T. Aryaratne, fondateur du mouvement Sarvodaya, ainsi qu'à Sulak Sivaraksa en Thaïlande, emprisonné pour avoir osé critiquer la monarchie. Pour ce dernier, le bouddhisme est une voie à la fois de transformation de la conscience humaine et de restructuration de la société. Non pas à partir de l'extérieur, mais de l'intérieur : « La présence du bouddhisme dans la société ne signifie pas d'avoir des quantités d'écoles, d'hôpitaux, d'institutions et de partis politiques créés ou gérés par des bouddhistes. Cela veut plutôt dire de travailler à ce que toutes ces réalités sociales, ces structures et institutions soient – dans leur fonctionnement, leur administration et leur vécu quotidien – pénétrées et rayonnantes de compassion, de justice, de tolérance, de paix et de clarté de l'esprit[44]. » Le but ultime de l'amour-compassion est d'amener le bonheur et, pour cela, de libérer l'homme et le monde de la souffrance. Le cœur-esprit qui accède à la connaissance de la

---

44. Propos recueillis par l'auteur à Bangkok en novembre 2001.

nature essentielle de la réalité voit les causes profondes du mal et agit sur elles en se libérant de l'emprise de l'ego. Celui-ci n'est pas seulement individuel, mais aussi collectif. Les passions égotiques et agressives que sont la convoitise, l'avidité, la possessivité, l'agressivité et l'illusion empoisonnent aussi bien l'être individuel que la société, ainsi que le révèle le système capitaliste et financier en voie de mondialisation.

Il existe donc bien, dans le bouddhisme comme dans le christianisme, une articulation profonde entre l'amour-compassion vécu au plan personnel et le combat – non violent – pour la justice au plan structurel. Ces deux dimensions sont aussi indissociables que le sont la douleur et la joie, *karuna* et *prajna*, l'amour et la connaissance. À tous les niveaux, jusque dans sa réalité la plus intérieure, la compassion est donc – comme la sainte Trinité et la nature de Bouddha – tout entière relation.

La compassion comme fondement de la résistance « non violente »

Hervé Ott

Un enfant pleure, après une chute ; un adulte réagit : « Mais non, tu n'as pas mal ! » Un autre qui pleure, parce qu'il ressent une injustice, s'entend répondre : « Arrête de faire des comédies. » Un troisième pleure en se présentant comme victime d'un autre : l'adulte se met immédiatement en colère et intervient contre l'agresseur désigné. Pourtant, si l'adulte s'en tenait à lui donner des signes de consolation, il repartirait sur-le-champ à jouer avec son « agresseur ». Faut-il nier, dévaloriser la souffrance d'un enfant pour l'aider à grandir ?

Un adolescent raconte qu'un garçon de son âge, qu'il ne connaît pas directement, s'est tué le jour de son anniversaire avec la mobylette qu'il venait de recevoir en cadeau. Il est visiblement ébranlé. Ses parents réagissent avec un discours de morale sur l'imprudence du copain et l'inconscience des parents. Qu'est-ce que cet événement déclenche, comme peurs chez les parents, pour réagir avec une telle hargne contre le défunt et ses parents qu'ils ne connaissent pas et sans affection envers leur fils qui souffre ?

Une adolescente de 17 ans transmet à sa mère sa crainte d'être enceinte après son premier rapport sexuel, pourtant protégé, à cause d'un retard de règles. Sa mère réagit avec colère : « 17 ans c'est trop tôt ! Fais un test de grossesse ! » La fille est ébranlée, elle cherchait du réconfort, du soutien et se sent complètement abandonnée. Du coup, elle spécule sur ce qu'elle aurait entendu ou senti si elle avait annoncé à sa mère, comme une de ses amies en a fait l'expérience, qu'elle se découvrait homosexuelle.

Un couple d'amis divorce. Immédiatement la colère monte, dirigée plus contre l'un des deux. C'est un échec de leur relation, où ils ont chacun leur part de responsabilité. Pourquoi prendre parti pour et contre ?

Dans les manifestations publiques, selon la culture politique des organisateurs, les slogans, les insultes, voire les violences physiques, vont assez bien révéler la vision inconsciente du conflit qu'il s'agit d'exposer : il y a les pauvres victimes d'un côté, les méchants agresseurs, exploiteurs de l'autre, représentés par les forces de l'ordre. La colère ressentie face à l'injustice vécue va justifier qu'on la projette contre les adversaires ou leurs exécutants.

Dans les actions de solidarité internationale, ce peut être pire : « Bush – Sharon, a-ssa-ssins » s'époumonent les manifestants, pour soutenir les Palestiniens « victimes innocentes ». À aucun moment n'est évoqué le fait que ce sont des civils israéliens qui subissent les attentats des « martyrs » palestiniens. Et quand on est en désaccord avec ces modes d'intervention terroristes, il faut se taire de peur de se sentir trahi par les soutiens habituels. Cette attitude est aussi valable à propos des mouvements pro-israéliens.

Je me souviens de la honte et de l'impuissance que je ressentais lorsque des Kanaks du mouvement indépendantiste tuaient des gendarmes dans des affrontements, et de ma colère contre ces mêmes gendarmes ou leurs supérieurs lorsque les Kanaks en étaient victimes[1]. D'où vient ce processus qui consiste spontanément à charger l'un et à gracier l'autre ?

Une réaction archaïque face à la souffrance d'autrui

Il y a dans ce type de réaction un mécanisme très archaïque, bien identifié par l'analyse transac-

---

1. Cf. Hervé Ott, « Le peuple kanak entre insurrections violentes et non violentes », *Actions de formation et de solidarité pour Kanaky*, Éd. Le Cun du Larzac, 2005, p. 31 ss.

tionnelle comme « jeu psychologique » et schématisé dans le « triangle dramatique[2] ».

Lorsque deux personnes sont en conflit d'identité[3], chacune d'elles joue un rôle, celui de victime, celui d'agresseur. La dynamique de la victime peut se résumer ainsi : « Je souffre, je suis toute seule, personne ne s'occupe de moi, et c'est à cause de toi et de toi seul. » Celle de l'agresseur serait : « Je me complais en mon désir, tout mon désir, sans tenir compte de toi, d'ailleurs tu n'existes pas vraiment. » Ce système relationnel peut être ponctuel ou se stabiliser. C'est le rapport victime/bourreau dont on peut affirmer – quand il s'inscrit dans la durée – que chacun en tire un bénéfice inconscient. C'est une forme de « collaboration » involontaire, qui peut être justifiée par la peur de la répression ou du changement, mais profitable quand même.

Face à cette dynamique et avec la même spontanéité que les acteurs, le témoin de la situation peut avoir une intervention partisane de « sau-

---

2. Ian Stewart et Vann Joines, *Manuel d'analyse transactionnelle*, Interéditions, 1991, p. 283-285.
3. Je distingue les « conflits d'intérêts » légitimes qui sont la trame de la vie et se transforment par le dialogue, la négociation et les « conflits d'identité » qui sont violents – depuis l'injure jusqu'au meurtre – et nécessitent, pour évoluer, un retour à l'objet déclencheur, lui seul négociable. Cf. Hervé Ott, « Les conflits, toujours violents ? », *Cahiers de l'Institut européen, Conflits Cultures Coopérations*, n° 4, 2006, p. 9 s.

veur » dont le moteur serait : « Moi seul suis assez fort pour te tirer de là, toi pauvre victime ; et regarde un peu comment je vais m'y prendre. » Sa méthode agressive contre l'agresseur va en faire une victime, qui peut être secourue à son tour par la première victime, ou par un autre témoin. Les rôles ont été inter-changés, et au lieu que le conflit soit apaisé, il est décuplé dramatiquement...

Quand, en formation, je veux illustrer ce mécanisme par un exercice non verbal de statues (une personne allongée par terre dans une attitude d'auto-protection, une personne debout dans une attitude d'agression), je propose aux autres stagiaires d'intervenir sans parole et de laisser s'écouler quelques secondes pour signifier comment ils voudraient agir. Après cette intervention, il y a partage de ressentis, de perceptions, par rapport aux différents modes d'intervention. Sur une dizaine d'interventions, j'en relève en moyenne six qui concernent une action tournée contre/vers l'« agresseur », depuis l'interpellation gestuelle à distance pour l'interroger sur le pourquoi de son agression, jusqu'à l'agression physique de face, de dos, dans le but de le maîtriser. Une autre intervention concerne exclusivement la « victime », dans le but de l'éloigner physiquement de l'agresseur, mais avec violence. Une ou deux autres cherchent à interpeller les deux protagonistes en restant à l'extérieur. Enfin, une ou deux interventions sont des actions d'interposition physique soit en tournant le dos à l'« agresseur » pour protéger la « victime », soit en faisant face à l'« agresseur ».

Je note aussi que chaque intervention est individuelle ; personne n'a eu l'idée de mobiliser d'autres personnes pour intervenir. Dans la réalité, nous pouvons d'abord être choqués par la proportion de personnes qui n'interviennent pas, restent des spectatrices passives, ou passent leur chemin. Ensuite, le rôle de « sauveur », pour ceux qui interviennent, révèle notre propension à prendre parti contre la personne que nous identifions comme agresseur, sans même savoir ce que la « victime » aurait pu faire auparavant pour la provoquer.

Il y a heureusement aussi les interventions d'interposition sans agression : elles combinent la solidarité avec la victime, l'agressivité comme capacité à transgresser la peur, et le refus d'entrer en rivalité avec l'agresseur. Cela peut se faire de façon très intuitive ou par entraînement. L'interposition corporelle suffit souvent à faire écran entre les deux autres corps émotionnellement mobilisés par la colère et par la peur, l'une renforçant constamment l'autre. Car les émotions sont des énergies corporelles mimétiques qui, sans possibilité de se projeter sur l'autre, sont renvoyées à leur point de départ et s'épuisent aussi vite qu'elles surgissent. Dans ce type d'intervention, il y a rupture du mimétisme, intervention asymétrique. Au lieu de crier plus fort pour se faire entendre, au lieu de chercher à maîtriser physiquement l'autre pour éviter la violence, au lieu de faire monter d'un cran la pression pour dominer, il s'agit de la faire baisser, en gardant le contact (par le regard et/ou la voix), en se posant dans l'entre-deux, sans agresser.

Une illustration biblique

Exode 2,11-21 raconte comment Moïse a vécu progressivement trois manières d'être témoin actif dans les conflits des autres :

– *Il vit un Égyptien frapper un Hébreu, un de ses frères. S'étant tourné de tous côtés et voyant qu'il n'y avait personne, il frappa l'Égyptien et le dissimula dans le sable* (v. 11-12). Moïse est témoin d'une agression, il agresse à son tour et tue l'Égyptien sans lui avoir adressé la moindre parole. Il agit comme le « sauveur » du triangle dramatique.

– *Le lendemain il sortit de nouveau : voici que deux Hébreux s'empoignaient. Il dit au coupable : « Pourquoi frappes-tu ton prochain ? » « Qui t'a établi chef et juge sur nous ? dit l'homme. Penses-tu me tuer comme tu as tué l'Égyptien ? » Moïse prit peur et se dit : « L'affaire est donc connue. »* (v. 13-14), et il s'enfuit. Cette fois Moïse s'adresse au « coupable » : comment sait-il qu'il est coupable ? Mais le fait de s'adresser à lui crée du dialogue. Or ce « coupable » rappelle à Moïse les limites de toute intervention sur les autres en mettant des mots sur les fonctions qui légitiment cette intervention, même violente : celle de chef, de juge. Moïse intervient encore avec l'énergie du rôle de « sauveur », mais rencontre une limite symbolique par le rappel de la règle.

– Moïse s'enfuit en terre de Madian, s'assit près du puits. Les filles du prêtre de Madian vinrent abreuver leur troupeau, mais *les bergers vinrent les chasser. Alors Moïse se leva pour les secourir et il abreuva leur troupeau* (v. 17). Cette fois Moïse « secourt » les jeunes femmes (« secourir, sauver », c'est le verbe qui est utilisé en Ex 14,30 pour parler de l'intervention de YHWH[4] lors du passage de la mer Rouge, grâce à l'intervention de Moïse et dont la racine donnera le prénom « Jésus ») et cela suffit pour les délivrer des bergers. Le texte ne dit rien d'une intervention « contre » les bergers. Ici Moïse intervient encore avec l'énergie du rôle, il n'a pas de légitimité à agir avec violence, mais en orientant cette fois son action vers les victimes (et non « contre » les agresseurs), il les « sauve ». Il a sans doute fallu que Moïse vive ces trois étapes pour se forger une âme de guide.

On pourrait se demander d'où lui – nous – vient cette énergie de l'intervention ? Peut-être de ce qu'il en a bénéficié lui-même lorsqu'il a été sauvé de la mort. Il a été « retiré » des eaux du Nil

---

4. Dans le premier Testament, le Dieu des Hébreux est désigné par le nom YHWH que, par respect, on ne prononce pas et qu'on traduit généralement par « Seigneur ».

par la fille du Pharaon qui a eu « de la compassion pour lui ». En tout cas, cette énergie lui vient de cette émotion difficile à identifier qu'est la compassion et que nous confondons trop souvent avec la pitié[5].

Dans l'évangile de Jean, il existe un texte qui fait écho à celui-ci et qui clôt toute l'expérience des prophètes dans leur rôle de témoins de la violence subie par les autres. Confronté à l'éventuelle mise à mort d'une femme « surprise en flagrant délit d'adultère » (Jn 8,1-11), Jésus désamorce la violence des accusateurs (sauve la femme de la mort, évite de tomber dans leur piège) et les renvoie, tous et elle aussi, à leur conscience de pécheurs[6].

De la réaction individuelle...

Quand je perçois une injustice, ma réaction spontanée, exprimée ou non, est la colère. Soit je la refoule et la *retourne contre* moi-même en y

---

5. C'est d'ailleurs ainsi que la TOB traduit malheureusement le mot hébreu. Cf. Hervé Ott, *Aux émotions humaines, les réponses de Dieu dans la Bible*, édité et diffusé par l'auteur, 2006, p. 24 s.

6. J'ai analysé ce texte de Jn 8,1-11 pour le confronter aux principes de la résistance « non violente », *in* « Pour une approche constructive des conflits. Face à la violence, fondements et pratiques de réconciliation », *Cahiers de la Réconciliation*, n° 1-2, 1997, p. 18 ss.

rajoutant une dose de honte pour me retrouver en situation d'impuissance. Soit je la *projette contre* une personne, un groupe, un événement qui a provoqué cette réaction en moi. Je me déresponsabilise alors de ma réaction, me pose en victime, ce qui va justifier ma légitime défense, sous-entendu ma légitime violence, ma toute-puissance. On retrouve tous ces éléments dans le récit du meurtre d'Abel par Caïn (Gn 4,1-16).

L'agressivité (du latin *ad-greddi*, « aller vers ») est une énergie vitale contrôlée par les instincts chez les animaux en vue de la préservation de l'espèce. Chez l'être humain, la loi a dû compenser l'affaiblissement des instincts et poser des limites symboliques. Le respect (du latin *re-spicere*, « regarder en arrière » ou avec du recul) est ce mouvement qui freine l'impulsion dès qu'ont été perçues les frontières de l'intimité de l'autre et qu'elles risquent d'être franchies. Il y a viol, violence, lorsque ces frontières sont franchies sans autorisation. L'agressivité est donc de l'ordre de l'énergie. À quoi se superpose ce qui l'oriente vers telle ou telle cible et la transforme en désir : le mimétisme. Ce que je désire, c'est ton désir. C'est de la dynamique de ce « désir mimétique » que va se nourrir la rivalité pour posséder. La Bible revient sans cesse sur cette rivalité née de ce que possède l'autre, que ce soit à propos de « la connaissance du bien et du mal » symbolisée par le fruit d'un arbre (Gn 3,4), du regard favorable de YHWH sur l'offrande

Hervé Ott

d'Abel (Gn 4,4), du seul enfant encore vivant que se disputent deux femmes qui viennent demander l'arbitrage du roi Salomon (1 R 3,16-28), du dixième commandement qui interdit la « convoitise » de ce que possède mon prochain, ou de Jésus qui appelle à renoncer à posséder ce qui est l'objet de rivalité (Mt 5,40). S'il y a désir « mimétique », c'est qu'il y a modèle à imiter. C'est pourquoi, pour désamorcer toute violence de rivalité en vue de posséder l'autre, Jésus nous invite à prendre comme modèle « le Père des cieux, car il fait lever son soleil sur les bons et sur les méchants, et tomber sa pluie sur les justes et sur les injustes » (Mt 5,45).

Quand j'accueille mon émotion, comme signal d'une limite personnelle et légitime ayant été transgressée (un besoin fondamental qui a été frustré), je la verbalise et m'en libère en réinvestissant son énergie dans une action où je pose à nouveau des limites (comme protection et satisfaction de ce besoin). C'est dans cette dynamique seulement que je pourrai respecter mon vis-à-vis, voire éprouver une certaine empathie sinon compassion pour lui, même lorsqu'il m'agresse[7].

---

7. J'ai publié le témoignage d'une jeune femme qui, complètement immobilisée par un étranger très agressif, est arrivée à le calmer et le « désarmer » par son regard. Cf. Édith D, « Histoires de viol », *Alternatives non violentes*, n° 88, 1993, p. 13-14.

C'est ce qui se passe dans l'action de médiation. Grâce au « cadre » de respect posé et garanti par le tiers médiateur, chaque protagoniste peut exprimer ses émotions, ses besoins et désirs. La pertinence et l'efficacité de la médiation se révèlent au moment où les deux protagonistes découvrent la symétrie de leurs blessures, la symétrie de leurs besoins frustrés, et ressentent alors de la compassion pour l'autre. C'est ce « souffrir avec » qui va servir de fondement à la confiance, cette « foi avec », et inversement. Quand l'individu se sent respecté, parce que entendu, il peut accueillir ses émotions de colère, de peur, de tristesse, de dégoût, comme légitimes et reconnaître la légitimité des émotions de l'autre, donc avoir de la compassion pour lui.

Il m'arrive souvent, dans le « conseil individuel » ou la « médiation », en tant que tiers aidant, d'entendre des paroles qui me connectent à mes propres souffrances ou sensibilités. Pour rester dans ma fonction, j'ai intérêt à accueillir avec bienveillance mes émotions pour en faire des alliées. Car cette énergie va induire en moi la parole ou le geste qui amorcera un nouveau processus chez mon vis-à-vis. Ce qui peut entraver ce processus, c'est de chercher à comprendre la rationalité du conflit de l'autre, c'est-à-dire de le couper de sa source émotionnelle, ou au contraire de m'identifier totalement à sa souffrance, de me mettre à sa place.

... à l'action collective

Le processus collectif repose sur la même dynamique et peut se traduire en insurrection violente. Les émotions, bien que réactions individuelles, étant mimétiques, peuvent se transmettre à tous les individus d'un même groupe. Il est donc facile d'utiliser ce processus à des fins de propagande : la communion émotionnelle d'un groupe peut développer une énergie considérable qui, dirigée contre un « ennemi », se transforme en violence sacrificielle. L'individu y a perdu de son autonomie, mais y a gagné un sentiment provisoire de sécurité. Les dirigeants ou leaders sociaux ont toujours su capter cette capacité de colère individuelle pour la transformer en une passion « guerrière », « revancharde » ou « révolutionnaire ».

Chaque fois que, dans un groupe, une émotion contamine l'ensemble de ses membres au point de provoquer la fusion des affects, on peut parier que le processus va déboucher sur un mécanisme sacrificiel de bouc émissaire. Pour l'entraver, il est nécessaire de donner, de garantir à chacun des membres la possibilité d'exprimer ses émotions sans se sentir jugé. Il incombe alors aux responsables de savoir verbaliser ces émotions et d'en rendre chaque individu responsable. Ce processus mis en œuvre, il est alors possible de canaliser l'énergie du groupe en des actions dites non violentes ou constructives, c'est-à-dire responsabilisant chaque individu dans l'exercice de son agressivité et du respect des autres.

Pour la justice, avec des moyens justes

Dans l'action pour la justice, avec des moyens justes, il faut agir le plus possible dans la perspective d'un « compromis avec », et non d'une victoire assurée, où l'adversaire reste un partenaire potentiel d'une réconciliation. Il s'agit donc d'une capacité à s'asseoir avec et de discuter pour négocier[8].

Il se peut que mon groupe ne soit pas reconnu comme « partenaire » par le groupe adverse, et donc *de facto* indigne d'une négociation. L'action consistera à faire reconnaître que la dénonciation de l'injustice est légitime. La reconnaissance de cette légitimité passera d'abord par la reconnaissance du tiers, à savoir l'opinion publique, qui

---

8. Il y a en France une grande aversion pour les compromis : ils sont généralement honteux parce que assimilés à des compromissions. Cette dimension de la culture française est peut-être liée à son histoire toute organisée autour d'une royauté centralisée et absolue. On trouve des capacités culturelles au compromis, au consensus, très élaborées dans la culture anglo-saxonne, entre autres. Étymologiquement, compromis signifie « promesse avec » : cela suppose la reconnaissance de l'adversaire comme partenaire dans une quête partagée.

peut avoir une influence sur le groupe adverse. Elle passera aussi par le renoncement à toutes les formes de violence et de clandestinité, qui font peur à l'opinion publique, provoquant de la répression et divisant le groupe résistant[9].

Il y a des formes très différentes de « résistance sans violence » qui, toutes, intègrent le respect de l'adversaire, voire une certaine compassion pour son enfermement, son aveuglement. Tout en contestant la légitimité de ses actes dans ce qu'ils nous font subir d'injuste, nous témoignons du respect à l'égard de sa personne et de son groupe d'appartenance par notre façon d'agir, sans recourir à quelque forme que ce soit de violence (au moins telle qu'elle est définie par la loi, depuis l'injure et la diffamation en privé, jusqu'au meurtre). En prenant sur nous la souffrance qu'elle provoque, nous cherchons d'abord à ébranler sa bonne conscience, à sensibiliser la personne à notre situation. D'aucuns dénonceront du « chantage[10] ». Ce serait vrai si nous posions le problème comme la seule quête d'un intérêt privé. L'enjeu est de démontrer qu'il s'agit d'une question de justice collective.

---

9. Cf. Hervé Ott, « À la recherche du compromis. De la médiation à l'action de résistance constructive », *Alternatives non violentes*, n° 134, 2005, p. 63 ss.

10. J'ai étudié cet aspect dans « La grève de la faim ou le dialogue avec la mort et les vivants », *Alternatives non violentes*, n° 39, 1978, p. 58.

Et si nous n'y parvenons pas par les sentiments, alors nous introduirons une dimension politique de « rapport de force » par le recours à l'opinion publique et à des actions qui nuisent aux intérêts de l'adversaire, pour le contraindre à négocier. Il se peut que nous nous en prenions symboliquement à ses biens, comme le font « les faucheurs d'OGM », par exemple. C'est à la justice de trancher et d'évaluer le préjudice en fonction de tous les éléments à prendre en compte, car en plus de l'injustice que nous dénonçons et/ou subissons, nous ne nous dérobons pas à la répression qui résulte de nos actes. Nous nous en servons même comme levier de popularisation.

Je distingue :

– les actions de popularisation et de sensibilisation de l'opinion publique pour créer l'événement (humour, meetings, manifestations, marches, jeûnes, *sit-in*) qui sont symboliques et doivent trouver un écho dans les médias ;

– les actions de contrainte et d'obstruction, où il s'agit de résister le plus longtemps possible sans mettre en danger la vie des personnes (*sit-in* enchaîné ; blocages, tapis humain, enchaînements divers) de façon à créer un rapport de force ;

- les actions de non-coopération pour se désolidariser de l'injustice et sortir de la passivité (grève, grève de la faim, boycott, désobéissance civile) ;

– les actions constructives (démocratie participative, consensus, mise en place de réseaux parallèles de production et de distribution), mise en œuvre, avec les moyens du bord, de ce que l'on revendique ;

– les techniques de protection pour limiter les effets de la provocation et de la répression (les consignes claires, le service de protection, l'engagement individuel, la non-résistance aux coups, aux agressions verbales, etc.[11]).

Il y a un autre cas de figure qui fait partie du registre des formes d'action de résistance/transformation constructive : lorsque, témoin d'une injustice dont sont victimes d'autres personnes, j'interviens à la fois pour dévoiler l'injustice, la mettre sur la place publique et pour encourager les victimes à sortir de leur passivité. Dans cette situation-là, la compassion pour les victimes pousse des témoins à agir, sans pour autant agresser les auteurs ou acteurs présumés de l'injustice. C'est ce qui s'est passé, par exemple, dans le cas de la grève de la faim déclenchée à Lyon en pleine campagne électorale pour les présidentielles en 1981. On y a dénoncé le système de la « double peine » appliquée aux jeunes de l'immigration qui étaient condamnés pour un délit : prison en France et expulsion dans le pays d'origine de leurs parents. Les jeûneurs étaient prêtres et pas-

---

11. Cf. Hervé Ott, « S'entraîner à l'action publique sans violence », *Cahiers de l'Institut européen Conflits Cultures Coopérations*, n° 3, 2004, p. 34 ss.

teurs[12]. Cette grève de la faim a eu pour effet de faire modifier des décrets. En outre, la population des jeunes immigrés concernés s'est progressivement mobilisée et a fait un tour de France qui a reçu un écho assez considérable. La compassion de quelques-uns a déclenché un énorme mouvement de prise de conscience des autres. La grève de la faim, publique et politique, dans ce cas, a créé la même dynamique que lorsque Jésus, « ému de compassion » face à la souffrance de ses contemporains, a su trouver les mots ou les gestes pour provoquer la guérison et la conversion.

Depuis quelques années, je critique le concept de « non-violence », auquel je préfère l'expression « résistance constructive » ou « approche et transformation constructive des conflits ». Ne serait-ce que pour insister sur l'aspect relatif de la perception de ce qui est violent, selon que l'on est acteur ou adversaire. Si la violence est tout ce qui fait faire à l'autre une expérience de mort, de façon réelle ou symbolique[13], alors la « non-violence » n'est pas de ce monde : elle peut être un idéal, elle ne peut pas être un but. Cet idéalisme a pu aussi masquer des formes plus subtiles d'oppression, car la violence n'est jamais qu'un outil pour dominer.

---

12. Cf. Christian Delorme, « La grève de la faim de Lyon », *Alternatives non violentes*, n° 42, 1981, p. 2 ss.

13. Cf. Paul Ricœur, « L'homme non violent et sa présence à l'histoire », *Histoire et vérité*, Paris, Seuil, 1967, p. 270

« Non-domination » serait donc plus juste que « non-violence », sans pour autant éviter l'aspect négatif de l'expression. Mais je ne conteste pas pour autant la légitimité des actions entreprises par des populations opprimées quand elles s'approprient ces moyens, surtout si cela leur permet de défendre leurs droits sans créer de nouvelles formes d'oppression, comme on a pu le voir à la suite de nombreuses luttes de libération armée. J'ai même, en plusieurs endroits du monde francophone, formé des résistants à ce genre de technique et de démarche collective[14].

De la « mise en mots » à la « mise en maux »

Gandhi, qui est l'inventeur des formes collectives de résistance constructive, parle de la compassion et de la non-violence en ces termes : « Le fait de vivre, de manger, de boire et de remuer entraîne nécessairement la destruction de certaines formes de vie, aussi réduites soient-elles. Il n'en demeure pas moins que le non-violent reste fidèle à ses principes si tous ses actes sont dictés par la compassion, s'il protège de son mieux tout ce qui vit, s'il épargne même les créatures les plus insignifiantes et si, de cette manière, il se libère de

---

14. Voir en particulier Hervé Ott, *Actions de solidarité et de formation pour Kanaky, op. cit.*

l'engrenage fatal de la violence. Son abnégation et sa compassion ne cesseront de croître, mais il ne pourra jamais être pur de toute violence extérieure[15]. » Cette compassion fait partie de « l'amour qui est la plus grande force au monde, et en même temps, la plus humble qu'on puisse imaginer[16] ». Dans cette signification qu'elle partage avec les bouddhistes, la compassion est une loi de la vie.

C'est par une démarche bien particulière que Gandhi va associer lutte non violente et compassion : la violence crée de la souffrance, même quand il s'agit de résister à une violence, une injustice plus grandes. Il y a donc incompatibilité entre violence et lutte pour la justice. Ne reste-t-il alors que l'usage de la raison et du « réformisme » pour lutter contre l'injustice ? Au contraire, affirme Gandhi, « [...] je suis de plus en plus persuadé qu'il ne suffit pas de la seule raison pour assurer au peuple ce dont il a besoin. Ce n'est qu'au prix de la souffrance qu'il peut remporter certaines victoires. La souffrance est la loi des hommes. La guerre est la loi de la jungle [...]. Nul plus que moi n'a probablement rédigé autant de pétitions et épousé un aussi grand nombre de causes perdues ; pourtant, j'en suis venu à cette conclusion capitale que pour obtenir un résultat décisif il ne suffit pas de

---

15. Mohandas K. Gandhi, *Tous les hommes sont frères*, Paris, Gallimard, 1969, p. 167.
16. *Ibid.*, p. 166.

convaincre la raison ; il faut également toucher le cœur, et par conséquent faire appel au pouvoir de la souffrance. C'est le seul moyen pour voir s'ouvrir en l'homme une autre sorte de compréhension qui, elle, est tout intérieure. C'est la souffrance et non l'épée, qui est le blason de l'homme [...]. La souffrance est infiniment plus puissante que la loi de la jungle pour convertir l'adversaire et ouvrir ses oreilles qui autrement resteraient sourdes à la voix de la raison[17] ».

En parlant du « pouvoir de la souffrance [...] pour convertir l'adversaire et ouvrir ses oreilles [...] à une sorte de compréhension [...] tout intérieure », Gandhi présuppose cette sensibilité de tout être humain à la souffrance des autres pour autant qu'il ne se sente pas menacé et que cette souffrance soit vraiment visible. Ce qui permet éventuellement de l'ignorer ou de la justifier, c'est son éloignement, sa méconnaissance et la menace qu'elle pourrait représenter dans la défense de ses intérêts. Mais lorsque nous y sommes confrontés directement – sans nous sentir menacés – alors il est difficile de résister à ce mouvement intérieur, plus fort que la raison. C'est sur ce principe que Gandhi a fondé toutes ses méthodes de résistance « non violentes » : révéler ouvertement l'injustice pour que personne ne puisse prétendre l'ignorer, développer des modes d'intervention publique qui

---

17. *Ibid.*, p. 162-163.

ne mettent pas en danger la vie d'autrui, et surtout, qui contraignent à révéler le vrai visage de la loi qui protège le système injuste si la répression est appliquée. C'est grâce à la révélation au grand jour de la souffrance, subie volontairement par le « résistant non violent », par le biais des médias, que l'opinion publique va basculer en faveur des résistants et de leur cause. C'est aussi grâce à la « démoralisation » des forces de « l'ordre injuste » : plus les ordres de répression sont féroces, plus les agents de cette répression sont mis dans l'incapacité d'obéir et d'agir. Toutes les grandes résistances d'inspiration non violente ont confirmé ces faits[18].

Martin Luther King y fait d'ailleurs directement allusion dans sa lettre de prison de Birmingham : « Au cours d'une série de séances de travail consacrées à l'étude de la non-violence, nous ne cessions de nous interroger : Sommes-nous capables d'encaisser les coups sans riposter ? Sommes-nous capables d'endurer la peine de prison[19] ? » Et plus loin, il écrit : « Nous aussi nous devons, par des moyens non violents, créer dans la société la tension qui aidera les hommes à sortir des profondes

---

18. Voir le récit des manifestations du mouvement des droits civiques à Birmingham et de la répression qui ont fait basculer l'opinion publique américaine en faveur des Noirs dans François Vaillant, *La Non-Violence dans l'Évangile*, Paris, Éd. Ouvrières, 1991, p. 58-65.

19. Martin Luther King, *Révolution non violente*, Paris, Payot, 1979, p. 96.

ténèbres du préjugé racial pour atteindre les cimes augustes de la compréhension fraternelle[20]. » *Compréhension fraternelle* : voilà une autre façon de parler de la compassion. Ce que l'auteur veut affirmer par là, c'est que rien ne peut justifier des différences de droit entre êtres humains. En affirmant cela, King sous-entend que le combat pour la justice suppose la recherche d'un compromis avec notre adversaire.

La résistance « non violente » consiste donc, dans un premier temps, à se faire reconnaître comme partenaire crédible d'une négociation. Le compromis en sera la conséquence. Mais pour parvenir à une telle reconnaissance, il faut, d'une part, faire pression en révélant à l'opinion publique la violence subie et, d'autre part, s'engager à ce que l'adversaire soit respecté en tant que tel, et assumer toute la violence de la répression sans se venger. M. L. King fait aussi directement écho aux propos de Gandhi lorsqu'il déclare : « Nous devons être capables de nous dresser contre nos adversaires les plus acharnés et leur dire : nous répondrons à votre capacité d'infliger des souffrances par notre capacité de supporter la souffrance[21]. »

À l'hindou Gandhi, au chrétien King, fait écho le bouddhiste Thich Nhat Hanh : « Répondre à la

---

20. *Ibid.*, p. 98.
21. Martin Luther King, *La Seule Révolution*, Paris, Casterman, 1968, p. 110.

violence par la violence est une injustice, non seulement vis-à-vis de l'autre, mais aussi vis-à-vis de soi-même. Répondre à la violence par la violence ne résout rien ; cela ne fait qu'augmenter le degré de violence, de colère et de haine. C'est par la compassion seulement que l'on peut embrasser et désintégrer la violence. Cela est vrai des relations entre individus comme des relations entre États[22]. » Moine bouddhiste installé aujourd'hui en France, lui et les membres de sa communauté ont tenu tête de façon à peine croyable à la répression abominable du gouvernement sud-vietnamien lors des terribles affrontements qui ont meurtri son pays. Le Dalaï-Lama, bouddhiste tibétain, ne dit rien d'autre : « Vous devez réaliser que même si vos adversaires semblent vous nuire, en dernier ressort, leur activité destructrice se retournera contre eux. Afin de brider votre propre impulsion égoïste à des représailles, vous devez vous rappeler votre souhait de pratiquer la compassion et d'assumer la responsabilité d'aider autrui à prévenir la souffrance causée par ses propres actes[23]. »

Si ce rapport à la souffrance a été assez bien transmis par les disciples occidentaux de Gandhi,

---

22. Pour en savoir davantage sur Thich Nhat Hanh, consulter : http:// www.buddhaline.net/spip.php?article 589.
23. Pour en savoir davantage sur le Dalaï-Lama, consulter : http://www.buddhaline.net/spip.php?article 71.

je m'étonne que le lien avec la compassion n'ait pas été maintenu. Je ne pourrais pas affirmer que Martin Luther King n'en parle pas. Je suis, par contre, très surpris que Lanza del Vasto ne l'évoque pas lorsqu'il parle de la « charité ». Et qu'il confonde « compassion » et « pitié » dans son *Commentaire de l'Évangile*, même à propos de textes où apparaît l'expression « ému de compassion » à propos de Jésus[24].

D'aucuns pourraient prétendre qu'il y a là une instrumentalisation de la souffrance à des fins de domination comme dans la notion de sacrifice, dont René Girard dit qu'elle est liée à la violence. Gandhi, de par ses attaches religieuses, n'a jamais questionné sa vision sacrificielle de la non-violence. René Girard distingue le « sacrifice meurtre [qui] détourne vers une victime la violence de ceux qui se battent », du « sacrifice au sens chrétien comme acceptation de la mort, s'il le faut, pour ne pas tuer […]. Ces deux formes de sacrifice sont à la fois radicalement opposées et inséparables. Il n'existe entre elles aucun espace non sacrificiel à partir duquel on pourrait décrire [la violence] d'un point de vue neutre[25] ».

---

24. Cf. Lanza del Vasto, *Commentaire de l'Évangile*, Paris, Denoël, 1951, p. 259 ss. ; 315 ss.
25. Hervé Ott, « De la violence du sacrifice à la symbolisation de la violence », *Alternatives non violentes*, n° 135, 2005, p. 34.

Cette conception des méthodes pour défendre la justice fait le pari qu'il reste en tout être humain une parcelle de compassion à réveiller et que, pour cela, il faut accepter d'exprimer, de montrer sa souffrance. Si cela ne suffit pas, il faudra provoquer la répression pour montrer les conséquences de l'injustice dénoncée. C'est dans le « corps à corps » émotionnel que peut jaillir l'étincelle. La violence que l'humain fait subir aux autres humains renvoie toujours à une violence subie. Seule une plus grande violence perçue chez les autres, sans qu'il soit mis en danger, pourra le reconnecter avec sa vérité fondamentale : il est fait pour aimer.

Présentation des auteurs

Lytta Basset

Philosophe et théologienne protestante franco-suisse, Lytta Basset a été pasteure pendant dix-sept ans avant de devenir professeure de théologie pratique, depuis 1998, aux universités de Lausanne puis de Neuchâtel. Elle poursuit également une activité d'écrivain : *Le Pardon originel* (Genève, Labor et Fides, 2005, 3ᵉ éd.) ; *Guérir du malheur* et *Le Pouvoir de pardonner* (1999) ; *« Moi je ne juge personne »* (2003) ; *La Joie imprenable* (2004) – tous en poche aujourd'hui chez Albin Michel (Paris) ; *Culpabilité, paralysie du cœur* (Genève, Labor et Fides, 2003) ; *Sainte colère* (Paris, Bayard, 2003, poche 2006) et *Aube* (Paris/Genève, Bayard/Labor et Fides, 2004) ; *Au-delà du pardon. Le désir de tourner la page* (Paris, Presses de la Renaissance, 2006) ; *Ce lien qui ne meurt jamais* (Paris, Albin Michel, 2007).

Carmen Burkhalter

Carmen Burkhalter, qui a grandi en Espagne, est licenciée en théologie (Université de Lausanne), a été pasteure plusieurs années puis a entamé une thèse de doctorat (a déjà obtenu son diplôme de spécialisation) sur l'expression de « Dieu » dans la littérature, en particulier à travers les romans de l'écrivain espagnol Miguel de Unamuno. Son travail de mémoire visait à dégager une interprétation christologique du roman *L'Idiot* de Dostoïevski. Après six ans d'activité à la Bibliothèque des Pasteurs de Neuchâtel, elle travaille comme pasteure en milieu hospitalier et dans un ministère d'accompagnement spirituel de personnes en difficulté. Elle a publié notamment *Un prince à Nazareth. Une biographie littéraire de Jésus-Christ*, Genève, Labor et Fides/Autre Temps, 1996.

Thierry Collaud

Médecin et docteur en théologie, Thierry Collaud travaille à mi-temps comme médecin à Neuchâtel, et l'autre mi-temps, comme chargé de cours à la Faculté de théologie de Fribourg où il enseigne dans le domaine de la théologie morale et de la santé. Il concentre ses recherches sur l'élaboration d'une « anthropologie théologique de l'humain fragile et vulnérable », en essayant de travailler les lieux du rapport à la vulnérabilité et en privilégiant l'aspect communautaire de cette prise en compte de l'humain vulnérable – d'où son intérêt pour l'ecclésiologie et les thèmes de la compassion, de la justice sociale et de la politique.

Michel-Maxime Egger

Sociologue et journaliste de formation, Michel-Maxime Egger est aujourd'hui l'un des responsables d'Alliance Sud, la communauté de travail des grandes organisations d'entraide de Suisse. Ayant retrouvé ses racines chrétiennes après un long passage par le bouddhisme zen, il est entré dans la communion de l'Église orthodoxe (Patriarcat de Constantinople). Il dirige la collection de spiritualité contemporaine orthodoxe « Le Sel de la Terre », qu'il a créée aux éditions du Cerf. Il a publié *Prier quinze jours avec Silouane* (Paris, Nouvelle Cité, 2002).

Marc Raphaël Guedj

Marc Raphaël Guedj a d'abord été grand rabbin à Metz puis à Genève. Il est actuellement président de la Fondation « Racines et Sources » qui a pour vocation, d'une part, de partager avec d'autres la dimension universelle du judaïsme en tant que sagesse, d'autre part, de promouvoir la recherche et le dialogue interreligieux en vue de la paix.

Luciano Manicardi

Luciano Manicardi, frère de la communauté monastique œcuménique de Bose (Italie) depuis 1981, a fait des études de lettres classiques à l'Université de Bologne. Bibliste, spécialiste en particulier des Psaumes, il est membre du comité de rédaction de la revue *Parola, Spirito e Vita*, collabore à diverses publications, donne des cours, des conférences, sessions et prédications. Parmi ses publications : *Accanto al malato*, Qiqajon, Bose, 2000 (trad. franç. *L'Accompagnement des malades*, Genève, Parole et Silence, 2003).

Hervé Ott

Théologien de formation (1969-1975), Hervé Ott est formateur en « approche et transformation constructive des conflits » interpersonnels, structurels/institutionnels et interculturels (A.T.C.C.). Il est intervenu comme formateur dans des luttes de libération (Pacifique Sud), de défense des droits humains (Afrique noire), de résistance à la guerre civile (Liban, Algérie). Aujourd'hui il intervient auprès d'enseignants, de travailleurs sociaux, d'éducateurs, de personnels de santé, de permanents et bénévoles du monde associatif. Il coanime depuis dix ans des formations professionnelles qualifiantes en « conseil, médiation et accompagnement d'équipe en contexte interculturel » et des formations de formateurs en A.T.C.C. Il pratique aussi la médiation et le conseil pour individus et groupes, en situation de prévention ou de crise. (Pour en savoir plus : www.ieccc.org). Il poursuit un travail de recherche théologique en lien avec ses domaines d'intervention pour être à l'écoute des souffrances vécues à travers les conflits et développer des rapports humains plus respectueux des personnes. Il a publié de nombreux articles et brochures et corédige un manuel de pédagogie pour les conflits interculturels.

Ce livre est la reprise, en édition de poche, d'un numéro de *La Chair et le Souffle, Revue internationale de théologie et de spiritualité*. La revue *La Chair et le Souffle* est de caractère essentiellement trans-confessionnel et trans-religieux, clairement enracinée dans la tradition chrétienne mais ouverte à toute réflexion sensible à la spiritualité, sans esprit de récupération. Elle s'emploie à :

– offrir des approches critiques (théologiques, philosophiques, sociologiques et autres) sur le lien entre la condition humaine et la vie spirituelle. Sa visée est notamment de creuser le rapport de l'humain à lui-même et à ce qui le dépasse, en prenant toujours en compte la dimension existentielle et herméneutique ;

– dégager des critères et ouvrir des chemins pour une spiritualité véritablement féconde, porteuse de sens et d'espérance, en prise avec le monde d'aujourd'hui et les grandes questions qui le traversent ;

– relever le défi d'un dialogue constant entre spiritualité et anthropologie, au moyen de tous les outils que mettent aujourd'hui à notre disposition les sciences humaines, bibliques, pastorales, religieuses, ainsi que d'autres voies d'approche de l'humain, moins « académiques », mais riches d'enseignement.

Comité de rédaction :

Lytta Basset (Neuchâtel), Pierre-Luigi Dubied (Neuchâtel), Michel-Maxime Egger (Lausanne), Micheline Gagnon (Sherbrooke), Jean-François Malherbe (Sherbrooke), Véronique Margron (Angers).

Comité scientifique :

Amherdt François-Xavier (Fribourg), Amsler Frédéric (Lausanne), Arjakovsky Hélène (Tübingen), Bédard Jean (Rimouski), Bellet Maurice (Paris), Berten Ignace (Bruxelles), Bobrinskoy Boris (Paris), Brekk Jean (New York), Bühler Pierre (Zurich), Carette Marie-Hélène (Québec), Clément Olivier (Paris,†), Collaud Thierry (Neuchâtel), Combet-Galland Corina (Paris), Couture Denise (Montréal), Delteil Gérard (Montpellier), Dumas Marc (Sherbrooke), Gagnebin Laurent (Paris), Gagnon Micheline (Sherbrooke), Genre Ermanno (Rome), Gillen Erny (Luxembourg), Hammann Gottfried (Neuchâtel), Keshavjee Shafique (Genève), Khodr Mgr Georges (mont Liban), Lemieux Raymond (Québec), Marguerat Daniel (Lausanne), Melançon Louise (Sherbrooke), Morin Marie-Line (Sherbrooke), Moser Félix (Neuchâtel), Parmentier Élisabeth (Strasbourg), Polet Jean-Claude (Louvain-la-Neuve), Poffet Jean-Michel (Jérusalem), Pourchot Daniel (Montréal), Radcliffe Timothy (Oxford), Ringlet Gabriel (Louvain-la-Neuve), Römer Thomas (Lausanne), Sigov Constantin (Kiev), Stavrou Michel (Paris), Ugeux Bernard

(Toulouse), Vergely Bertrand (Paris), Vouga François (Bielefeld), Ware Mgr Kallistos (Oxford), Wénin André (Louvain-la-Neuve), Zumstein Jean (Zurich).

Numéros parus :
Une spiritualité d'enfant
2009 – n°1
Vers une écospiritualité II - Pratiques
2008 – n°2
Vers une écospiritualité I - Jalons
2008 – n°1
Pourquoi vivre ?
2007 – n°2
La Compassion
2007 – n°1
Regards croisés sur l'Humain
2006 – n°2
Présence du spirituel, croissance en humanité
2006 – n°1

À paraître :
Le Corps
Formes pathologiques de la vie spirituelle

Contacts :
La Chair et le Souffle, Faculté de théologie,
41, faubourg de l'Hôpital, Neuchâtel,
CH-2000, Suisse.
Téléphone : (41 32) 718 19 00
Site : www.lachairetlesouffle.org
Courriel : secretariat.factheol@unine.ch

« *Espaces libres* »
au format de Poche

DERNIERS TITRES PARUS

81. *La petite Sainte Thérèse*, de M. Van der Meersch.
82. *Sectes, Églises et religions, éléments pour un discernement spirituel*, de J.-Y. Leloup.
83. *À l'écoute du cœur*, de Mgr Martini.
84. *L'Oiseau et sa symbolique*, de M.-M. Davy.
85. *Marcher, méditer*, de M. Jourdan et J. Vigne.
86. *Le Livre du sourire*, de C. de Bartillat.
87. *Le Couple intérieur*, ouvrage collectif sous la dir. de P. Salomon.
88. *Nous avons tant de choses à nous dire*, de R. Benzine et C. Delorme.
89. *Tous les matins de l'amour*, de J. Salomé.
90. *L'Orient intérieur*, collectif dir. par M. de Smedt.
91. *L'Évangile des quenouilles*, prés. par J. Lacarrière.
92. *Les Mémoires de l'oubli*, de J. Salomé et S. Galland.
93. *Qu'est-ce qu'une religion ?*, d'O. Vallet.
94. *Science et croyances*, de A. Jacquard et J. Lacarrière.
95. *Nicolas Berdiaev, ou la révolution de l'Esprit*, de M.-M. Davy.
96. *Dernier avis avant la fin du monde*, de X. Emmanuelli.
97. *Jésus et Bouddha*, d'O. Vallet.
98. *D'un millénaire à l'autre. La grande mutation*, collectif dir. par F. L'Yvonnet.
99. *Un Juif nommé Jésus*, de M. Vidal.
100. *Le Cercle sacré. Mémoires d'un homme-médecine sioux*, d'A. Fire Lame Deer.
101. *Être à deux ou les traversées du couple*, collectif dir. par N. Calmé.
102. *La Source du bonheur*, de C. Boiron.
103. *Une passion*, de C. Singer.
104. *Cent prières possibles*, d'A. Dumas. Préface d'O. Abel.
105. *L'Art de vivre au présent*, collectif dir. par É. Le Nouvel.
106. *Manque et plénitude*, de J.-Y. Leloup.
107. *Le Cercle de Vie. Initiation chamanique d'une psychothérapeute*, de M. Séjournant.
108. *Le Théâtre de la guérison*, d'A. Jodorowsky.
109. *Histoire d'âme*, de C. Singer.
110. *L'Âme de la nature*, de R. Sheldrake.
111. *Au nom de la vérité, Algérie 1954-1962*, de Mgr L. É. Duval

112. *L'Art du kôan zen*, de T. Jyoji. (Inédit).
113. *L'Absurde et la Grâce*, de J.-Y. Leloup.
114. *Le Palais des arcs-en-ciel*, de T. Tcheudrak.
115. *Éloge du bon sens*, de M. de Smedt.
116. *En chemin vers le Bouddha*, d'O. Germain-Thomas.
117. *Pour comprendre l'intégrisme islamiste*, de M. Gozlan.
118. *Le Rêve de Confucius*, de J. Levi.
119. *Un art de l'attention*, de J.-Y. Leloup.
120. *Religions en dialogue*, de J. Mouttapa.
121. *Le Courage de se libérer*, de P. et P. Fenner.
122. *Histoire des Dalaï-Lamas*, de R. Barraux.
123. *Du Sahara aux Cévennes*, de P. Rabhi.
124. *Aux sources du zen*, d'A. Low.
125. *Le Curé de Nazareth*, d'H. Prolongeau.
126. *L'Évangile d'un libre penseur*, de G. Ringlet.
127. *Le Courage de vivre pour mourir*, de N. Masson-Sékiné.
128. *Quand la conscience s'éveille*, d'A. de Mello.
129. *Les Fables d'Ésope*, de J. Lacarrière
130. *L'Esprit des arts martiaux*, d'A. Cognard.
131. *Sans les animaux, le monde ne serait pas humain*, de K. L. Matignon.
132. *L'Arc et la Flèche*, d'A. de Souzenelle.
133. *Adieu, Babylone*, de N. Kattan. Préface de M. Tournier.
134. *Le Gardien du feu*, de P. Rabhi.
135. *La Prière parallèle*, de C. Paysan.
136. *Dieu a changé d'adresse*, d'O. Vallet.
137. *La Danse de la réalité*, d'A. Jodorowsky.
138. *Le Courage de changer sa vie*, d'A. Ducrocq.
139. *Le Maître de nô*, d'A. Godel.
140. *Les Fleurs de soleil*, de S. Wiesenthal.
141. *Khalil Gibran*, de J.-P. Dahdah.
142. *Ces ondes qui tuent, ces ondes qui soignent*, de J.-P. Lentin.
143. *Les Dix Commandements intérieurs*, d'Y. Amar.
144. *Guérir l'esprit*, collectif avec J.-Y. Leloup, F. Skali, Lama D. Teundroup.
145. *La Quête du sens*, ouvrage collectif.
146. *La Foi ou la nostalgie de l'admirable*, de B. Vergely.
147. *Traversée en solitaire*, de M.-M. Davy.
148. *Éloge de la fragilité*, de G. Ringlet.
149. *L'Échelle des anges*, d'A. Jodorowsky.
150. *Petite grammaire de l'érotisme divin*, d'O. Vallet
151. *La Troisième Voie*, de D. E. Harding.

152. *Le Rire du tigre*, de M. de SMEDT.
153. *L'Effort et la Grâce*, de Y. AMAR.
154. *Appel à l'amour*, d'A. de MELLO.
155. *L'Homme intérieur et ses métamorphoses*, de M.-M. DAVY
156. *Dictionnaire de la symbolique des rêves*, de G. ROMEY
157. *Le Christianisme en accusation*, de R. RÉMOND et M. LEBOUCHER.
158. *Entre désir et renoncement*, M. de SOLEMNE avec J. KRISTEVA, R. MISRAHI, S. GERMAIN et D. RIMPOCHE
159. *Sadhana, un chemin vers Dieu*, d'A. de MELLO.
160. *L'Amour comme un défi*, de S. ROUGIER.
161. *Du bon usage de la vie*, de B. BESRET.
162. *La Grâce de solitude*, de M. de SOLEMNE avec C. BOBIN J.-M. BESNIER, J.-Y. LELOUP et Th. MONOD.
163. *Le Meneur de lune*, de J. BOUSQUET.
164. *Vivre l'islam*, du Cheikh K. BENTOUNÈS.
165. *Méditation et psychothérapie*, ouvrage collectif.
166. *Les Échos du silence*, de S. GERMAIN.
167. *Aimer désespérément*, M. de SOLEMNE avec A. COMTE-SPONVILLE, É. KLEIN, J.-Y. LELOUP.
168. *Entre sagesse et passions*, ouvrage collectif dir. par Alain HOUZIAUX.
169. *Écologie et spiritualité*, ouvrage collectif.
170. *L'Évangile des païens, une lecture laïque de l'évangile de Luc*, d'O. VALLET.
171. *Simone Weil, le grand passage*, sous la dir. de F. L'YVONNET.
172. *Histoires d'humour et de sagesse*, d'A. de MELLO.
173. *L'Avenir de l'homéopathie*, de C. BOIRON.
174. *Qu'Allah bénisse la France*, d'ABD AL MALIK.
175. *Soigner son âme*, de J. VIGNE.
176. *La sagesse des contes*, d'A. JODOROWSKY.
177. *Innocence et culpabilité*, de M. de SOLEMNE avec P. RICŒUR, S. ROUGIER, PH. NAQUET et J.-Y. LELOUP.
178. *Petite méthode pour interpréter soi-même ses rêves*, d'H. RENARD.
179. *Cheminer, contempler*, de M. JOURDAN et J. VIGNE.
180. *Le Visage du vent d'est. Errances asiatiques*, de K. WHITE.
181. *Petit lexique des mots essentiels*, d'O. VALLET.
182. *Lettres sur la méditation*, de L. FREEMAN.
183. *Dix questions simples sur Dieu et la religion*, d'A. HOUZIAUX.
184. *Dix questions simples sur la vie*, d'A. HOUZIAUX.
185. *Les Nouveaux Penseurs de l'islam*, de R. BENZINE.

186. *Au dernier survivant*, du rabbin D. Farhi.
187. *Schizophrénie culturelle*, de D. Shayegan.
188. *Apprendre à être heureux*, d'A. Houziaux.
189. *Inventaire vagabond du bonheur*, de J. Kelen.
190. *Le Secret de l'Aigle*, de L. Ansa et H. Gougaud.
191. *Le Retour de l'enfant prodige*, de H. Nouwen.
192. *Mu. Le maître et les magiciennes*, d'A. Jodorowsky.
193. *La Conférence des oiseaux*, de J.-Cl. Carrière.
194. *Enquête au cœur de l'Être*, dir. par G. E. Hourant.
195. *Paroles d'Orient*, de M. de Smedt.
196. *Les Mouvements du silence*, de G. Manzur.
197. *Jésus, Marie-Madeleine et l'Incarnation*, de J.-Y. Leloup.
198. *Juifs et chrétiens face au XXIe siècle*, coll. dir. par P. Thibaud.
199. *La Force de l'amour*, de Sœur Chân Không.
200. *Simon le Mage*, de J.-Cl. Carrière.
201. *Œdipe intérieur. La présence du Verbe dans le mythe grec*, d'A. de Souzenelle.
202. *Saint François d'Assise ou la puissance de l'amour*, de S. Rougier.
203. *Dieu versus Darwin*, de J. Arnould.
204. *Sagesses pour aujourd'hui*, entretiens réalisés par C. Mesnage.
205. *Jésus, l'homme qui évangélisa Dieu*, de R. Luneau.
206. *Anthologie du chamanisme*, de F. Huxley et J. Narby.
207. *La Roue de la médecine. Une astrologie de la Terre mère*, de S. Bear et Wabun.
208. *Moine zen en Occident*, entretiens avec R. et B. Solt, de R. Rech.
209. *Enquête sur la réincarnation*, dir. par P. Van Eersel.
210. *Une femme innombrable, le roman de Marie Madeleine*, de J.-Y. Leloup.
211. *Sœur Emmanuelle, la chiffonnière du ciel*, de sœur Sara et G. Collard.
212. *S'ouvrir à la compassion*, collectif dir. par L. Basset.
213. *Le Livre du vide médian*, de F. Cheng.
214. *Préceptes de vie de l'Abbé Pierre*, d'A. Novarino.
215. *Préceptes de paix des Prix Nobel*, de B. Baudouin.
216. *Cheminer vers la sagesse*, de D. Chopra.
217. *Le Chant des profondeurs*, dir. par N. Nabert.
218. *Islam et démocratie*, de F. Mernissi.
219. *Le Harem politique*, de F. Mernissi.
220. *Contes de la chambre de thé*, de S. de Meyrac.
221. *Deux mille dates pour comprendre l'Église*, de M. Heim.

Composition Nord Compo
Impression CPI Bussière, septembre 2010
à Saint-Amand-Montrond (Cher)
Éditions Albin Michel
22, rue Huyghens, 75014 Paris
www.albin-michel.fr
ISBN 978-2-226-19126-7
ISSN 1147-3762
N° d'édition : 18860/02. – N° d'impression : 102612/1.
Dépôt légal : septembre 2009.
Imprimé en France.